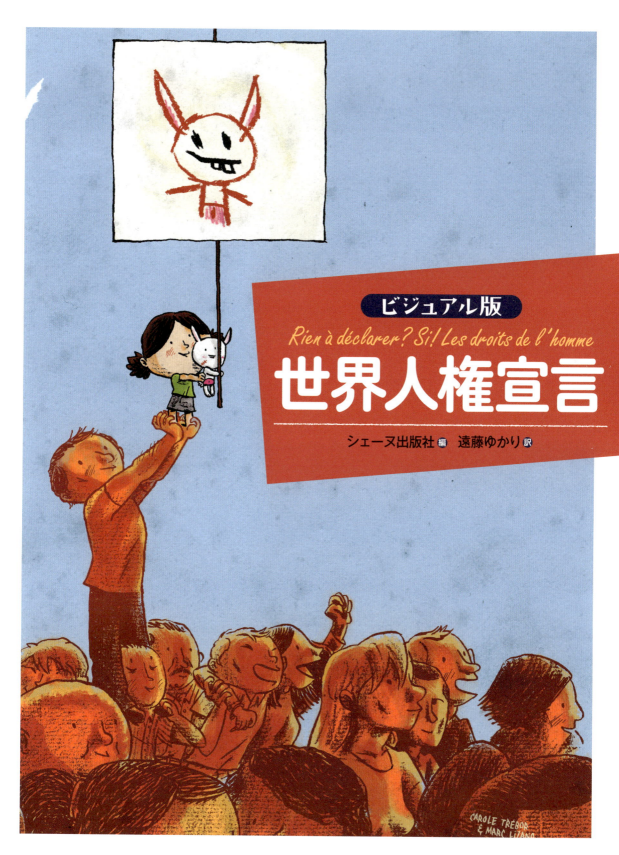

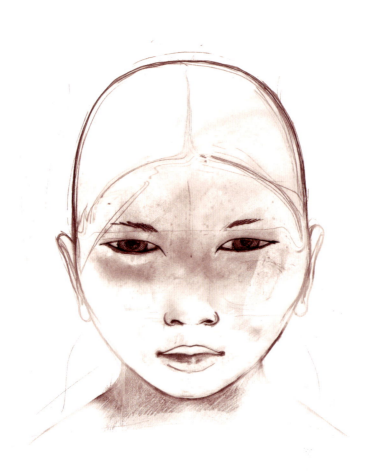

宣言したいことは、ありますか？

はい、あります！
人権宣言です。

『世界人権宣言』の名前は、誰もが知っているだろう。しかし、この宣言を実際に読んだことがある人、さらには内容まできちんと理解している人は、それほどいないはずである。

　そこで本書は、30条からなるこの重要な宣言を、イメージが呼びさます力に満ちたイラストを手がかりに、読みなおすことを提案する。
　本書の試みに賛同した32人の現代アーティストが、自由、平等、教育、私生活など、人類共通の遺産の柱となる『世界人権宣言』の条文を視覚的に表現した。さらに、各条文に掲げられた重要なテーマを掘り下げ、反啓蒙主義との戦いを記録に残すため、古今の作家、哲学者、政治家たちによる珠玉の文章を紹介している。

目次

前文 ………… 6
条文 ………… 8
イラストレーター紹介 ………… 128
文献一覧 ………… 142

レベッカ・ドートゥルメール
クリストフ・ロートレット
カルロス・フェリペ・レオン
カミーユ・アンドレ
マエル・グルムラン
リュリュ・ダルディス
アレクサンドル・ピュヴィラン
カロリーヌ・ピオション
シリル・ベルタン
ルイ・トマ
リュノ
シルヴァン・フレコン
セバスチャン・ムラン
マルク・ブタヴァン
クネス
リオネル・リシュラン
モーモン
リュック・デマルシュリエ
アリーヌ・ビュロー
マルク・リザノ＆キャロル・トレボー
グレゴリー・ブロ
ジュリアン・ロシール
ヤスミーヌ・ガトー
ニコラ・バニステール
ジェラルド・ゲルレ
パスカル・ヴァルデス
セバスチャン・プロン
ニコラ・デュフォー
ベアトリス・ブーロトン
ジャッジ
ピエール・アラリー

前文

(1948年12月10日、国際連合総会)

人類社会のすべての人に、
それぞれ固有の尊厳と、
平等で奪うことのできない権利があることを認めるのは、
世界における自由と正義と平和の基礎なので、

人権の無視と軽蔑が
人間の良心に逆らう野蛮な行為をもたらし、
人びとが言論と信仰の自由を得て
恐怖と欠乏から解放される
世界の実現が人類最高の願望として宣言されたので、

専制と抑圧に対する最後の手段として
人びとが反乱に訴えることがないようにするためには、
法の支配によって人権を保護することが不可欠なので、

諸国間の友好関係の発展を促進することが不可欠なので、

国際連合の諸国民は、国際連合憲章で、
基本的人権、人間の尊厳と価値、
男女同権についての信念を再確認し、
よりいっそう大きな自由のなかで
社会的進歩と生活水準の向上を促進することを決意したので、

加盟国は、国際連合と協力して、
人権と基本的自由をすべての点で
実際に尊重することを約束したので、

これらの権利と自由に対する共通の理解は、
この約束を完全にはたすためにもっとも重要なので、

国際連合総会は、社会の各個人と各機関が、
この世界人権宣言をたえず心に留めながら、
加盟国自身の国民のあいだでも、
加盟国の管轄下にある地域の人びとのあいだでも、
指導と教育によってこれらの権利と自由の尊重を推進し、
それらの普遍的で効果的な承認と実践を、
国内的、国際的な段階的措置によって
確かなものとするために努力するよう、
すべての人とすべての国が到達すべき共通の理想として
この世界人権宣言を公布する。

『世界人権宣言』

第1条

すべての人間は、
生まれたときから自由で、
尊厳と権利の点で平等である。
人間は理性と良心を備えており、
たがいに友愛の精神で
行動しなければならない。

イラスト｜**クリストフ・ロートレット** *Christophe Lautrette*

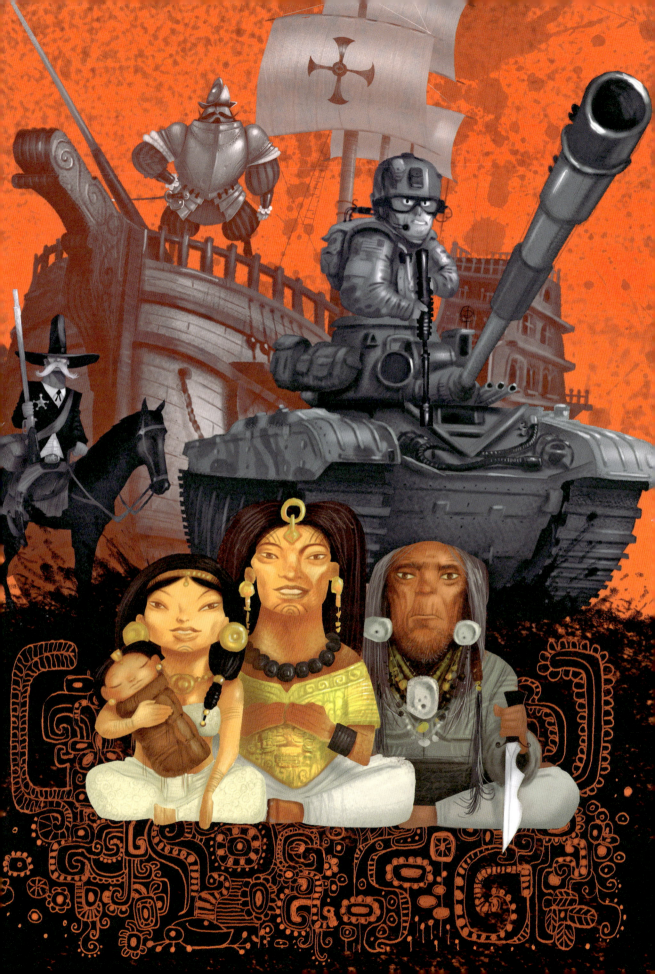

「人間は、自由で、権利の点で平等なものとして生まれ、存在している。社会的な差別が行なわれるのは、共同の利益にもとづく場合だけである」

1789年の人間と市民の権利の宣言、第1条

「共和国の標語は、それが意味するもの、それがもたらすものを見事にいいあらわしている。ここには、成長していく社会の自明の理がある。自由、平等、友愛。これ以上、なにもつけ加えるべきものはなく、削るべきものもない。これらは、至高の階段の3つの段である。自由は権利、平等は事実、友愛は義務。すべての人間が、ここにいる。（略）

　幸せな人びとは、不幸せな人びとという不幸を背負わなければならない。社会におけるエゴイズムから、墓場への道がはじまる。われわれは生き、心をひとつにして、巨大な人類になろう。（略）

ヴィクトル・ユゴー
『権利と法律』 1875年6月

第1条

「自然的平等(「自然権」)とは、すべての人が生まれつきもっている性質だけを理由に、すべての人のあいだに存在する平等のことである。この『平等』は、自由の原則と根拠になっている。

つまり、『自然的平等』あるいは『精神的平等』は、みな同じように、生まれ、成長し、生き、死ぬ、という、すべての人間に共通する人間本来の性質の構造を土台としている」

ルイ・ド・ジョクール
「自然的平等」、『百科全書、または学問・芸術・工芸の合理的辞典』、ディドロ&ダランベール編
1751〜72年

「機会均等とは、ただ運や不運だけに支配される権利ではない。それは、誰もが自分の能力を示し、才能を生かし、自分の弱さを一部だけでも克服することができる平等の権利である。それは、それぞれができる範囲で、それに値する程度に成功する権利である。それは、自分の出身、境遇、地位にとらわれたままでいることのない権利である。それは現在の平等であり、未来に向けた平等である。それは、そうなる方法を自分で手に入れることで、自由でいる権利である。それは予期された正義、そして先どりする正義といえる。つまり、それは過去の不正とさらには現在の不正から、できるかぎり未来を守ることなのだ。しかし、それを完全に実現させることはできない。だからこそ、実現に近づけるよう、たえず努力する必要がある」

アンドレ・コント＝スポンヴィル
「機会均等」、『共和主義案内』 2004年

『世界人権宣言』

第2条

1. 誰もが、人種、肌の色、性別、言語、宗教、
政治的意見やそのほかすべての意見、
民族や社会的出身、財産、
家柄やそのほかの地位などを理由にした
どのような差別も受けることなく、
この宣言に掲げるすべての権利と自由を
主張することができる。
2. さらに、個人が属する国や地域が、
独立国であろうと、信託統治領であろうと、
非自治領であろうと、
なんらかの主権制限を受けていようと、
その国や地域の政治的地位、法的地位、
国際的地位にもとづく
どのような差別も受けることはない。

イラスト内訳：人権

イラスト ｜ **カルロス・フェリペ・レオン** Carlos Felipe León

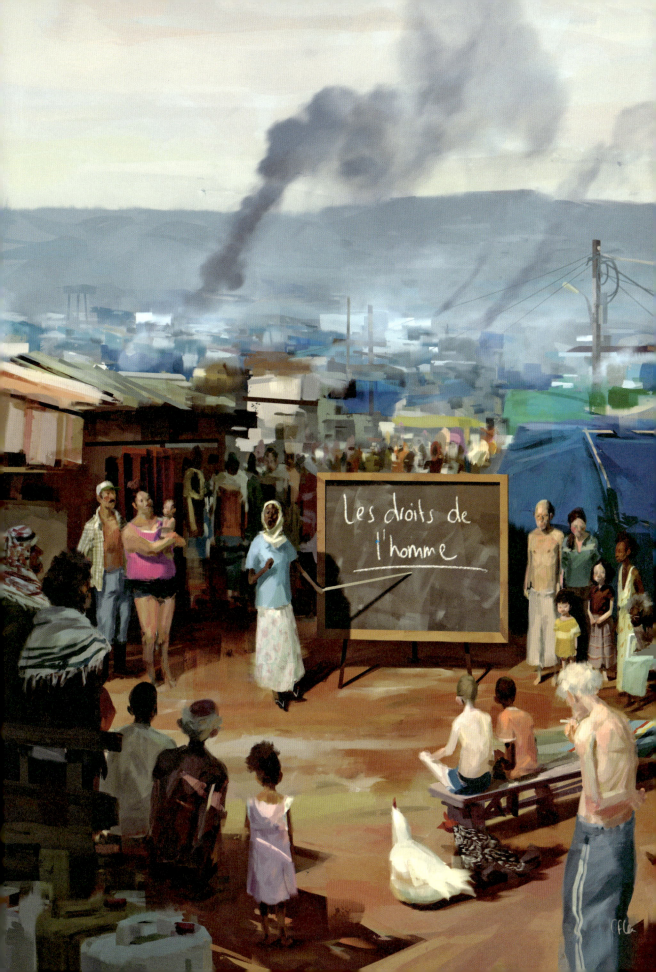

「私はいま、まだ人権と基本的自由をもっていないすべての人のほうを向いています。(略)というのも、私たちは自分たちのためだけではなく、人類全体のためにこの仕事をしたからです」

ルネ・カサン
世界人権宣言の採択前日に国際連合総会で行なった演説　1948年12月9日

「人びとのあいだには、違いがある。しかし、だからといって、すぐれた人と劣った人がいるという結論にはならない。違いと不平等を混同しないことだ」

ジャン・ロスタン（1894〜1977年）

第 2 条

「女性の平等が完全に認められれば、この上なく確かな文明の証拠となるだろう。それは、人類の知的な力と幸福の可能性を倍増させるはずだ」

スタンダール
『ローマ、ナポリ、フィレンツェ』 1817年

「人間が生まれつきもっている性質はすべての人に平等で、それは理性のためにできている。われわれは功績によってだけ区別されなければならず、理性によって導かれる必要がある。しかし、罪を犯した人びとと彼らの子孫のなかに、欲望が残された。人間は、生まれつきみな平等なのに、理性という同じ法則にもとづく平等の社会をつくることをやめた。（略）つまり、罪がこの世に身分や状況の違いをもたらした。罪、あるいは罪を前提とする欲望は、違いが存在するために必要だからである。理性そのものが、そのことを望んでいる。なぜなら、力は理性に従わなくなった人びとを整理するための法則だからである」

ニコラ・マルブランシュ
『道徳論』 1684年

『世界人権宣言』

第3条

すべての人は、
生命と自由と身体の安全に対する
権利をもっている。

イラスト | カミーユ・アンドレ *Camille André*

『世界人権宣言』

「たしかに、自由がひとつの問題としてではなく、日常生活のひとつの事実としてこれまでずっと認められてきたのは、政治の分野においてである。(略) 非政治的な内的自由の概念が思想の伝統におよぼした影響は大きかったが、もし、社会のなかで実際に触れることのできる現実として自由を経験していなかったら、内的自由についてなにも知ることはなかったと断言してよいと思われる。私たちが自由や自由と反対のものを自覚するようになったのは、最初は他人との関係によるもので、自分自身との関係によるものではなかった。自由は、思考の特性や意志の性質となる前に、自由な人の状態、つまり、移動することができ、家から出ることができ、社会のなかに入ることができ、行動や言葉によってほかの人びとと出会うことができる状態として理解された」

ハンナ・アーレント
「自由とはなにか」、『文化の危機』 1961年

第3条

「人間が『生まれながらにもっている当然の』自由、それは、この地上でどのような君主の力も認めないこと、それがどのようなものであっても法的な権威にまったく縛られないことで、自然の法則にだけ従うことである。『社会における』自由は、共同体の合意によって定められた法の力に従うことで、とくにひとりの人間の気まぐれや、不確かで変わりやすい勝手な意志に従属することではない」

ルイ・ド・ジョクール
「隷属」、『百科全書、または学問・芸術・工芸の合理的辞典』、ディドロ&ダランベール編
1751～72年

「人間の生命の不可侵性、自由、平和、破棄できないものはなにもないこと、撤回できないものはなにもないこと、とりかえしがつかないものはなにもないこと。それが、権利である」

ヴィクトル・ユゴー
『権利と法律』 1875年6月

「自由とは、他人の害にならないすべてのことができることをいう。つまり、誰もが生まれながらにもっている当然の権利を行使するにあたって、社会のほかの構成員が同じ権利を確実に行使できること以外に限界はない。この限界を定めることができるのは、法律だけである」

1789年の人間と市民の権利の宣言、第4条

『世界人権宣言』

第4条

誰もが奴隷にされたり、
隷属状態に置かれることはない。
奴隷制度や奴隷売買は、
どのような形であっても禁じられる。

イラスト | マエル・グルムラン *Maël Gourmelen*

『世界人権宣言』

「われわれのあいだにも奴隷がいればよいのに、という話を日常的に耳にする。しかし、このことについて正しく判断するためには、奴隷が各国の裕福で享楽的な一部の人にとって役に立つかどうかを検討すべきではない。おそらく、彼らにとっては役に立つだろう。しかし別の見方をすれば、国民のうち、自由な人びとと奴隷とをわけるためにくじ引きをするとしたら、そのくじを引きたい人は、裕福で享楽的な一部を構成するグループのなかには、誰ひとりとしていないと思われる。奴隷制度にもっとも賛成した人びとが、もっともそれを嫌がるだろう。もっとも貧しい人びとも、同じように嫌がるはずである。だから、奴隷制度に賛成する叫び声は、ぜいたくと快楽の叫び声で、万人の幸福に対する愛の叫び声ではない。人間はみな、個人的には、他人の財産、名誉、生命の支配者であることにおおいに満足し、あらゆる情熱は、まず最初にこのような考えによって呼びさまされることを、誰もが疑わないだろう。これらのことについて、各人の欲望が正当なものかどうかを知りたければ、すべての人の欲望を調べてみるといい」

モンテスキュー 『法の精神』 1748年

「自分の自由を放棄することは、人間としての資格、人間の権利、そして人間の義務までも放棄することである。すべてを放棄する人には、どのような報いもありえない。このような放棄は、人間が生まれつきもっている性質と相いれない。また、自分の意志からすべての自由を奪うことは、自分の行為からすべての道徳性を奪うことである」

ジャン＝ジャック・ルソー
『社会契約論、あるいは政治的権利の原理』 1762年

第 4 条

「人間を奴隷にすること、人間を売り買いし、隷属状態に置くことは、まぎれもない犯罪、盗みよりも悪質な犯罪である。奴隷にすると、相手を身ぐるみはがすことになる。動産や不動産などすべての財産だけではなく、財産を手に入れる能力、また、自分の時間や力の所有権、自分の生命を維持したり必要なものを満たすために自然があたえてくれたすべてのものを相手から奪ってしまう。さらには、自分の思いどおりに生きる権利まで奪うというまちがいを犯すのである」

ニコラ・ド・コンドルセ
『ビエンヌの牧師シュヴァルツ氏による黒人奴隷制度に関する考察』 1788年

「古代社会では労働と職人仕事が軽蔑されていたが、それは奴隷だけがそれらにたずさわっていたからだという意見は、現代の歴史家たちの偏見である。古代の人びとの論理は、まったく逆だった。彼らは、生活していく上で必要なことの面倒を見る仕事にはすべて隷属的な性質があるから、奴隷を所有しなければならないと考えていたのである。奴隷制度が擁護され、正当化されていたのは、まさしくこのような理由からだった。労働することは必要性に隷属することで、この隷属は人間が生活する条件に固有のものだった。生活していく上で必要なことに従わざるをえない人間は、必要性に力ずくで従わされている奴隷を支配することによってでしか、自由を得ることができなかったのである。奴隷に身を落とすことは運命の仕打ちによるものだったが、その運命は死よりも悪かった。なぜなら、その結果、人間は家畜に近い存在に一変したからである。そのため、たとえば主人が解放したことで奴隷の地位が変化したり、一般的な政治情勢が変わっていくつかの職業が公的に重要な地位に上げられると、奴隷『本来の性質』も自動的に変化した」

ハンナ・アーレント
『人間の条件』 1958年

『世界人権宣言』

第5条

誰もが、拷問や、残虐で非人道的、
または品位を傷つけるあつかいや
刑罰を受けることはない。

イラスト ｜ **リュリュ・ダルディス** *Lulu d'Ardis*

『世界人権宣言』

「刑罰を軽くすることは、大きく確かな進歩です。18世紀には、拷問が廃止されました。このことは、18世紀の名誉の一部となっています。19世紀には、死刑が廃止されるでしょう」

ヴィクトル・ユゴー
立憲議会で行なった演説　1848年9月15日

「いや、拷問は民事的でも軍事的でもなく、フランス固有のものでもない。拷問は、この時代のすべてを荒廃させる梅毒である」

ジャン=ポール・サルトル（1905〜80年）

「この条約を適用するにあたって、『拷問』とは、身体的なものであっても精神的なものであっても激しい苦痛を故意にあたえるすべての行為、とくに、本人あるいは第三者から情報や自白を得るため、本人あるいは第三者が行なったか行なった疑いがある行為について本人を罰するため、本人あるいは第三者を脅迫したり強要する目的で、あるいはなんらかの形の差別にもとづくそのほかの理由によって、このような苦痛が公務員やそのほか公的な資格をもつ人間により、扇動によって、または同意あるいは黙認のもとであたえられるものをいう。もっぱら合法的な制裁から生じる苦痛、合法的な制裁に固有の、または合法的な制裁に付随する苦痛は、『拷問』のうちに含まれない」

拷問およびその他の残虐な、非人道的または品位を傷つけるあつかいや刑罰に関する条約、その調印、批准、加入を、国際連合総会が1984年12月10日の決議39/46で採択したもの、第1条

第5条

「民間人に対する報復と拷問は、われわれ全員に連帯責任のある犯罪である。われわれのあいだでこのようなことが起きることは屈辱であり、以後、この事実に向きあわなければならない。さしあたり、少なくともわれわれは、仮にこれらが効果的な方法であっても、正当化することを完全に拒む必要がある。事実、間接的にでもそれらを正当化すると、その瞬間から規律も価値もなくなり、すべての主義主張が同じ値打ちとなって、目的も掟もない戦争によってニヒリズムの勝利が正しいものと認められてしまう。すると、好むと好まざるとにかかわらず、われわれは暴力だけが唯一の原則である無法地帯に舞いもどることになる。道徳論など聞きたくない人びとは、戦争に勝つことが目的だとしても、結局はなんらかの不当な行為を犯すよりも不当な行為を我慢するほうがましだということ、そしてこのように不当な行為を犯すことは、数多く存在する敵のゲリラ組織の行為よりもたくさんの損害をもたらすことを理解しなければならなくなるだろう。（略）政府の義務は、たとえその抗議と利害関係があっても、犯罪的な抑圧の行きすぎに対する抗議を禁止することではない。そうではなく、この行きすぎそのものを禁止し、少数の人間の所業について市民ひとりひとりが個人的な責任を感じないよう、そして彼らの所業を告発したり、逆に受けいれることを強いられないように、それらを公然と非難することである」

アルベール・カミュ
『時事論集3、アルジェリアの記録』、序文
1958年5月25日

『世界人権宣言』

第**6**条

どこにいても、
誰もが法的にひとりの人間として
認められる権利をもっている。

イラスト | アレクサンドル・ピュヴィラン *Alexandre Puvilland*

『世界人権宣言』

「生身の人間が生きているこの地上で、権利はたんなる精神の総体ではない。どの部分を切りとっても、権利は天使のようなものではない。一番最初に権利の主体を指す必要があったとき、当然、それは肉体をもった人間、つまり自然人のことを指した。その後、その自然人に法律上の人格が認められ、その法的人格が権利の主体であると考えられるようになったのである」

ジェラール・コルニュ
フィリップ・デュボワの論文『人間の自然性』の序文
1986年

「全体主義支配へいたる道の最初の重要な一歩は、人間の法的人格を殺すことである」

ハンナ・アーレント
『全体主義の起源』 1951年

「では、『法的人格』とはいったいなんなのか。

なによりもまず、それは民事上の権利をもつ能力である。たとえば、選挙権、表現の自由、警察の独断で制止されることなく自由に移動できる権利などがあげられる。世界中の多くの人が、これらの基本的な権利をもっていない。フランスでさえ、女性が選挙権を得たのはかなり遅く、1944年になってからだった。これはヨーロッパ諸国でほぼ最後といってよく、ジョージアやモンゴルよりもずっとあとのことだったのである。(略)

『法的人格』を認められることは、いわゆる『社会的な』権利をもつことでもある。たとえば、病気を治療してもらう権利（健康に対する権利）、学校に行く権利（教育を受ける権利）、働く権利（労働の権利）、あるいは退職する権利があげられる。(略)

しかし実際には、すべての人が同じだけの権利をもっているわけではない。なぜなら、法的人格さえない人がいるからだ。だからわれわれには、やるべきことがまだたくさん残されている。平等の原則を宣言する段階は終わりにして、友愛の精神を実現させなければならない」

エヴリーヌ・シール＝マルタン
「認められた法的人格」、「人間と自由」誌　2007年

『世界人権宣言』

○第7条

すべての人は法の下に平等で、
差別されることなく、
法律の平等な保護を受ける権利をもっている。
すべての人には、
この宣言に違反するどのような差別からも、
そのような差別の原因となる
どのような行為からも、
平等に保護される権利がある。

イラスト｜カロリーヌ・ピオション *Caroline Piochon*

『世界人権宣言』

「権利とは、なにか。権利とは、平等である。ある契約のなかになんらかの不平等が含まれていると気づいた途端に、その契約は権利に違反しているという疑いが生じる。(略)

手に1スー硬貨〔昔のフランスの通貨〕を握りしめ、目の前に並んだものを食い入るように見ている小さな子どもが、抜け目のないずる賢い主婦と対等でいるとき、そこには権利がある。この状態に、まったく制約を受けていない力が働きかけたら、どうなるだろうか。この力が働きかけるままにしておいたら、子どもは確実にだまされるだろう。暴力を使って子どもから1スー硬貨をとりあげることをしなかったとしても、その1スー硬貨を1サンチーム硬貨〔1サンチームは、1スーの5分の1に相当する新しい通貨〕に交換する必要があると、子どもに信じこませることはたやすい。このような不平等に対して、権利が考えだされた。また、正しい法律とは、男性も女性も子どもも病人も無知な人たちも、みな平等にしようと工夫を凝らした法律のことである。現実の本質は不平等だといって権利に反対する人びとは、実際には貧困の話をしている」

アラン
「平等」、1907年10月18日、フランシス・カプラン編『権力に関する言葉、政治倫理の基本原理』
1985年

「アイデンティティーと平等の概念はかなり異なるが、不思議なことにわれわれは、このふたつをあいまいに混同してしまう傾向にある。アイデンティティーは個人の肉体的、あるいは精神的性質と関係があり、平等は個人の社会的、法的権利とかかわっている。アイデンティティーは生物学と教育に属し、平等は倫理と政治の分野である。平等は、生物学の概念ではない。ふたつの分子、あるいはふたつの細胞が平等だという言い方はしないからだ」

フランソワ・ジャコブ
『可能性への賭け、生物多様性に関する試論』
1981年

第7条

「権利と法律は、ふたつの力である。このふたつが一致すれば秩序が生まれ、対立すれば大惨事が起きる。権利は真理の頂点を語り、その頂点から支配し、法律は現実を土台にして反論する。権利は正義のなかで死に瀕し、法律は可能性のなかで死にかけている。権利は天上のもので、法律は地上のものである。たとえば、自由は権利で、社会は法律である。つまり、ふたつの演壇がある。一方には思考の人間が、もう一方には事実の人間がいる。一方は絶対的で、もう一方は相対的である。このふたつの演壇のうち、前者は必要で、後者は有益である。一方からもう一方へは、意識の動きが存在する。このふたつの力は、まだ調和されていない。一方は変化せず、もう一方は変化する。一方は冷静で、もう一方は情熱的である。法律は権利から生じるが、水源から生まれる川が途中で何度も曲がりくねっては岸辺のすべての不純物をとりこんでいくのと同じような経過をたどる。実践は規則に反し、必然的にもたらされるものは原則を裏切り、結果は原因とつながらないことが多い。これが、人間の置かれた避けがたい状況なのである。権利と法律は、たえず争っている。たいていは激しい嵐のようなその争いから、ときには闇が、ときには光が生まれる。現代の議会にたとえれば、権利は上院で、法律は下院だといえるだろう」

ヴィクトル・ユゴー
『権利と法律』1875年6月

『世界人権宣言』

第8条

すべての人には、
憲法や法律によって認められた
基本的な権利を侵害する行為に対して、
権限をもつ国内裁判所に有効な助けを求める
権利がある。

イラスト | **シリル・ベルタン** Cyrille Bertin

『世界人権宣言』

「権利は、主観的な存在として人格が表現されたもの、社会との関係における人格の状態、社会を構成する個人など、さまざまな形であらわれる。憲法による保護は、権力の濫用から権利を守るために、これらの権利のいくつかを内容に含んでいることから、厳密な意味で正式な後見の役割をはたしている」

ルイ・バルボーザ
『共和国憲法注釈』 1891年

「自由の第一条件は、役人ひとりひとりが、市民の前で、通常の法廷で、普通法にもとづいて、職務中に行なったひとつひとつのことに責任をもつことである」

フリードリヒ・エンゲルス
アウグスト・ベーベルへの手紙　1875年3月18～28日

第8条

「自分であってもほかの誰であっても、人間をたんなる手段としてではなく、目的としてもあつかいなさい。（略）

人間は、それ自体が尊いものである。事実、人間はどのような人からも（他人からも、自分自身からでさえ）、たんなる手段として利用されてはならない。つねに、目的としてもあつかわれる必要がある。まさしくその点に人間の尊厳（人格）があり、それによって人間はこの世のほかのすべての存在、人間ではないので利用されることになるすべての存在を超越している。したがって、人間はすべてのものを超越しているのである」

イマヌエル・カント
『人倫の形而上学』 1795年

「人権は、人間を宗教から解放しないが、人間に宗教の自由をあたえる。人権は、人間を所有権から解放しないが、人間に自由な所有権をあたえる。人権は、人間を下劣な生業から解放しないどころか、人間に職業の自由を認める」

カール・マルクス＆フリードリヒ・エンゲルス
『聖家族、あるいは批判的批判の批判、ブルーノ・バウアーとその一味への反対』 1845年

『世界人権宣言』

第**9**条

誰もが、
不法に逮捕されたり、
拘束されたり、
追放されることはない。

イラスト | ルイ・トマ *Louis Thomas*

『世界人権宣言』

「もう、おしまいです。フランスの顔に泥が塗られるのです。このような社会犯罪が行なわれたのは、大統領、あなたの時代のことだったと歴史に記されるでしょう。

　彼らが厚かましい行動に出たのですから、私も同じようにします。真実を申しあげましょう。規則があるために裁判が真実をすべて明らかにすることができないなら、私がそれをいうと約束したからです。私には、語る義務があります。私は、共犯者になりたくありません。あの地で恐ろしい責め苦を受けながら、自分が犯していない罪を償っている無実の人の幽霊が、毎夜、私の前に姿をあらわすことになりかねないからです。

　誠実な人間としてこれ以上ないほど憤慨しつつ、この真実を訴えかけたいのは、大統領閣下、まさにあなたに対してです。あなたが真実をご存じないことを、あなたの名誉のためにも確信しています。ですから、悪意のある真犯人たちを告発する相手として、この国で最高の地位にあるあなた以外に、誰がいるというのでしょうか」

エミール・ゾラ
「私は告発する！　共和国大統領への手紙」、「オーロール」紙　1898年1月13日

第9条

「亡命とは、権利を奪われることである。これ以上、恐ろしいものはない。誰にとって、恐ろしいのか。亡命しなければならなかった人か。そうではなく、亡命させた人にとってである。苦しみは亡命させた人の身に降りかかり、彼をむしばんでいく。(略)一時的に絶対的な権力をもっている人びとはなにをするにしても、心の奥底で永遠に抵抗している。彼らの確信はうわべだけのもので、深いところでは物思いにふけっているのだ。ひとりの男を追放した。よろしい。だが、そのあとはどうなるのか。木を根元から引きぬくことはできるが、空から光を追いはらうことはできない。明日になれば、また日が昇るのだ」

ヴィクトル・ユゴー
「亡命とはなにか」、『亡命中の言行録』 1875年

「このように、彼らは囚人や亡命者がみな体験する、なんの役にも立たない記憶とともに生きなければならないという激しい苦しみを感じていた。しかも、この過去自体を思いかえすたびに、彼らは後悔の念しか覚えなかったのである」

アルベール・カミュ
『ペスト』 1947年

『世界人権宣言』

第10条

すべての人は、
自分の権利や義務、
または自分が負う刑事責任が
決定されるにあたって、
独立した正当な裁判所による
公平な公開審理を
受けることができるという点で、
完全に平等の権利をもっている。

イラスト | リュノ *Reuno*

「刑法が、犯罪が本来もっている固有の性質からそれぞれの刑罰を引きだしたとき、自由が勝利する。そこには、専断的なことがなにもない。刑罰は立法者の気まぐれからではなく、物事本来の性質から生まれる。人間が人間に対して暴力をふるうのではない。(略)

国家の平穏や安全を乱すことについては、隠れた行為も人間の裁判の管轄である。しかし神を傷つけることについては、公然の行為がなければ、犯罪の構成事実もない。そこではすべてのことが人間と神のあいだで起きるので、神は復讐の手段とときを知っている。もし、これらのことを混同して、司法官が神に対する隠れた冒瀆までも追及したら、まったく必要のない種類の行為まで取り調べることになる。その結果、市民の遠慮がちな良心や大胆な良心を熱狂させ、彼らの自由を破壊してしまうのである」

モンテスキュー
『法の精神』 1748年

第10条

「力は、自動的に正義をつくる機械ではない。適当に、無差別に、正義か不正義の結果が出てくるが、確率からするとほとんど必ず不正義が出てくる、あてずっぽうな機械なのである。ここでは、時間の流れはなんの関係もない。偶然、正義にかなった結果が出る最低確率を上げることはないからだ。もし、力が絶対的に支配者なら、正義は絶対的に非現実である。しかし、力は支配者ではない。経験上、われわれはそのことを知っている。そして、正義は人間の心の奥に存在する現実である。人間の心の構造は、星の軌道と同じく、この宇宙の現実のなかのひとつの現実なのだ」

シモーヌ・ヴェイユ
『根をもつこと、人間に対する義務宣言へのプレリュード』 1942年冬〜43年に書かれ、1949年に出版されたもの

「国民にとって、専制君主よりもひどいものはない。専制君主の支配下では、すべての人のためにつくられた法律がない。ひとりの人間が支配し、法律はその人の所有物である。だから、平等というものが存在しない。一方、書かれた法律の支配下では、貧しい人にも裕福な人にも同じ権利がある。弱者でも、強者から侮辱されたときにいいかえすことができる。身分の低い人でも、正しい主張ならば身分の高い人をいいまかすことができるのだ。自由とは、次の言葉につきる。『誰か、祖国のために分別のある意見をのべようと思うものがいるか』。そのとき、誰もが好きなようにできる。意見をのべて目立つこともできるし、黙っていることもできる。これ以上に平等なことがあるだろうか」

エウリピデス
『嘆願する女たち』 前424〜421年

『世界人権宣言』

第11条

1. 犯罪で起訴された人はみな、
自分を弁護するために必要なものを
すべて保障された公開の裁判で
有罪であることが法的に立証されるまでは、
無罪と推定される。
2. 誰もが、実行したときに
国内法や国際法に
違反していない作為や不作為を理由に、
有罪とされることはない。
また、犯罪が犯されたときに適用される
刑罰よりも重い刑罰を科せられることはない。

イラスト | シルヴァン・フレコン Sylvain Frécon

『世界人権宣言』

「部下を率直に指導し、民衆を寛大に統治する。罰は子孫にまで影響せず、褒賞は後継者にもおよぶ。どれほど重くても、あやまちを許す。どれほど軽くても、故意による犯罪は罰する。重大さが疑わしい犯罪は軽いものとして、重要性があきらかでない功績は大きなものとしてあつかう。無実の人を殺すよりは、不正行為を見逃すほうがよい」

『隋書刑法志』 629〜644年ころ

「まず、裁判をせよ。絞首刑にするのは、そのあとだ」

ルーマニアのことわざ

「母親の胎内で植物のようだった状態と、母親と一緒の乳児期にたんなる動物のようだった状態から、理性が成熟しはじめるまで、人間には20年の年月が必要である。人間の構造をほんの少しでも知るためには、30世紀かかる。人間の魂についてなにかしらを理解するためには、永遠の時間が必要だろう。しかし人間を殺すためには、ほんの一瞬あればよい」

ヴォルテール
『哲学辞典』 1764年

第11条

「裁判官が判決をくだす前は、ある人を有罪とすることはできない。また、公的な保護を保障する条件に違反したことが証明されないかぎり、社会はその人からその保護を奪うことはできない。だから、ある市民が有罪なのか無罪なのかまだ疑わしいときに、その市民を痛めつけることができる権限を裁判官にあたえる法律とは、それが力ずくの法律でないならば、いったいなんだというのか。犯罪の事実が確かなのかどうか、というジレンマは、新しいものではない。犯罪の事実が確かならば、法律によって定められた刑罰以外を加える必要はなく、拷問するにはおよばない。なぜなら、本人の自白は不要だからである。犯罪の事実が不確かなら、その人を拷問にかけてはならない。なぜなら、犯罪の事実が証明されない以上、その人は法律上、無罪だからである」

チェーザレ・ベッカリーア
『犯罪と刑罰』　1764年

第12条

誰もが、私生活、家族、住居、通信に関して、
不当に干渉されたり、
名誉や評判を傷つけられることはない。
すべての人は、
このような干渉や攻撃に対して、
法律の保護を受ける権利をもっている。

イラスト | **セバスチャン・ムラン** *Sébastien Mourrain*

『世界人権宣言』

「1948年の世界人権宣言は、民主的な思想を明白にのべ、自由選挙に言及している点で、より的確と思われる。自由選挙は、民主的な思想が、いわば権力分立よりも民主的な制度としてあらわされたものである。しかし、1948年の世界人権宣言第12条で私生活の権利の保護が定められていることから、（略）1789年の憲法が理想としていた『ノモス（法）』の支配による国家と、個人の権利を尊重するよりも経済や社会の権利を実現することを要求する『現代国家』のあいだにある隔たりが浮き彫りになった」

レイモン・アロン
「社会学的思考と人権」、『政治研究』 1972年

「信者たちよ。そこに住む人びとからむかえられ、彼らにあいさつをしてからでなければ、自分のものではない家に入ってはならない。そうすれば、あなたがたは認められる。このことは、覚えていたほうがよい」

コーラン、24章（アン・ヌール［御光］章）、27節

第12条

「被告は、現体制の代表者たちが、前例にならい、力ずくで人びとの住居に入り、事務所を押し破り、押収した品々の目録を作成しないまま書類を差し押さえる権利をもち、犯罪者の名前が誰ひとりとして記されていないたんなる一般命令が、どのような人の住居でも家宅捜索し、その人に疑いの目を向けることのできる自由裁量権をあたえていると主張している。しかし、国務卿の地位にあるものが、そのような権力をもち、その権力を部下たちに委任することができるならば、王国のすべての住民は、その身体あるいは財産を危険にさらされていることになる。そのようなことがあれば、市民の自由に完全に反するだろう」

ウィルクス事件の判決 1763年

「私生活と家庭生活が尊重される権利
1. すべての人は、私生活と家庭生活、住居と通信が尊重される権利をもっている。
2. この権利を行使するにあたっては、法律にもとづいて、国家の安全、公の安全、国家の経済的安定、秩序の維持、犯罪防止、健康や道徳の保護、他人の権利と自由の保護のために、民主的な社会で必要な措置以外、公の機関による干渉があってはならない」

人権と基本的自由の保護のための条約、第1節、権利と自由、第8条、ローマ、1950年11月4日

『世界人権宣言』

第13条

1. すべての人は、
自国のなかで自由に移動し、
住む場所を選ぶ権利をもっている。
2. すべての人は、
自国を含むどの国からでも立ち去り、
ふたたび自国に戻る権利をもっている。

イラスト | マルク・ブタヴァン *Marc Boutavant*

『世界人権宣言』

「私は牢獄に入ったことは一度もないし、見学するためでさえ足を踏みいれたことはない。牢獄など、外から眺めているところを想像するだけで、不愉快になる。私は自由を強く求めているので、インド諸国のどこか人里離れた場所に近づくことを禁じられただけでも、なんとなく居心地の悪さを感じながら生活することになるだろう。だから、大地と空が開かれた場所が見つかるかぎり、身を隠さなければならない場所で埋もれたままでいるつもりはない。わが国の法律に逆らったため、王国のどこか一地方に留め置かれて、大都市や宮廷に出入りすることを禁じられ、公道を通ることもできない人が大勢いる。ああ、私はそのような境遇には、到底耐えられないだろう。私が奉仕している法律が、ほんのわずかでも私の身を危険にさらしそうになったら、すぐに別の法律を探しに、どこへでも行くつもりだ。内乱の社会を生きているいま、私は行き来する自由を妨げられないように、わずかながらも知恵をしぼっている」

ミシェル・ド・モンテーニュ
『エセー』、第3巻、第13章、「経験について」
1580〜88年

第13条

「ベルギーのビルボールドに住んでいて、香港で生活したいと思っている人にとって、一番難しいのは、香港へ行くことではない。ビルボールドを離れることである」

ジャック・ブレル（1929〜78年）

「だから、旅行は判断力を養い、人間を磨くのである。これらの植物は、移植されたあとによい実をつけるが、それと同じだといえる」

フランソワ＝ジャック・ドセーヌ（1715年没）

「自分たちが旅をつくりあげていると思っている人たちがいるが、実際には、旅が私たちをつくりあげたり、解体しているのである」

ニコラ・ブーヴィエ
『世界の使い方』 1963年

『世界人権宣言』

第14条

1. すべての人は、迫害を受けたとき、
他国に避難することを求め、
そこで安全を確保する権利をもっている。
2. この権利は、
普通法に背いた犯罪や、
国際連合の目的と原則に反する行為が原因で
起訴された場合には、
主張することができない。

イラスト | クネス Kness

『世界人権宣言』

「本書を、気高く平凡な人びとが海とともに生きるこの古いノルマンディー〔フランス北西部の地方〕の地のはてにある歓待と自由の岩礁、現在の私の厳しくもおだやかな隠れ家であり、おそらく私の墓となるガーンジー島に捧げる」

ヴィクトル・ユゴー
『海に働く人びと』 1866年

「数えきれないほど多くの人が、戦争や飢餓の犠牲者となり、死から逃れるために避難する場所を求めて、生きる希望へ向かう道を歩んでいます。このような悲劇を前にして、福音は、もっとも弱い立場にある人びとや見捨てられた人びとの隣人となり、彼らに具体的な希望をあたえることをわれわれに求めているのです」

ローマ教皇フランシスコ、2015年9月6日の呼びかけ

「ある国の憲法が、外国人に安全な避難場所を提供しているのは、特別のはからいをしているのではなく、熟慮にもとづく意志を示しているわけでもない。それは、すべての国のすべての人がもっている権利を認めているだけである。この権利を奪えば、これまでの人間の歴史を汚してきた数々の野蛮な行為に、さらにひとつの行為を加えることになる」

ドミンゴ・ファウスティーノ・サルミエント
(1811～88年)

第14条

「亡命者(「近代政治史」)。ナントの勅令〔プロテスタント教徒にカトリック教徒とほぼ同じ権利を認めた勅令〕が廃止されたあと、熱意のあまり無分別で徹底的な人びとから受けた迫害を逃れるために、フランス国外へ出ることを強いられ、外国に安住の地を見つけなければならなかったフランスのプロテスタント教徒のことを、このように呼んだ。これ以降、フランスからは、必ずしもフランスのために使われたわけではなかったが、芸術、才能、資金をこの国にもたらした大勢の市民が奪われた。これほど多くの有益な国民を失ったことで王国が受けた深い痛手を嘆くまともなフランス人など、もうかなり以前から存在しない。しかし恥ずべきことだが、この18世紀に、君主が決定をくださなかったら絶対に実行できないこの上なく有害なやり方を、政治と理性の点から無理やり正当化していた、かなりたちが悪い、あるいはかなりずうずうしい人びとがいた。フランス王ルイ14世は、プロテスタント教徒を迫害した結果、自分の王国から100万人の産業人を奪った。しかしこれらの人びとは、思想の自由にとって敵である一握りの邪悪な市民、陰で糸を引くことでしか国を統治できない人間の利益と野望の犠牲になっただけなのである。迫害の精神は、すべての見識ある政権によって抑圧されなければならない。自分と異なる宗教を信じる同胞たちの信仰をたえず妨害しようとする人間を罰すれば、すべての宗派が完全な調和のなかで存在し、人びとはみな競って祖国の役に立ち、主君に忠実な市民となるだろう」

ドゥニ・ディドロ
「亡命者」、『百科全書、または学問・芸術・工芸の合理的辞典』、ディドロ&ダランベール編
1751〜72年

『世界人権宣言』

第15条

1. 誰もが、
国籍をもつ権利がある。
2. 誰もが、
国籍や、国籍を変更する権利を
不当に奪われることはない。

イラスト｜リオネル・リシュラン *Lionel Richerand*

「市民権を奪われることは、世界への帰属を禁じられることである」

ハンナ・アーレント
『全体主義の起源』 1951年

「生まれながらの政治亡命者である私は、祖国を失ったことによる現実的な利点と、深刻な不都合をともに知っている。祖国がなければ、世界観が広がり、人間に対する理解が深まる。また、息苦しい順応主義や自治主義の霧が追いはらわれ、じつのところただの自己満足にすぎないうぬぼれた愛国心をもたずに済む。しかし、生きぬくための競争においては、きわめて厳しい不利な状況に置かれてしまう。私は、専制的な権力によって国籍をもつ権利まで奪われた『無国籍者』という大きな社会階層が誕生するのを目にした。実際には、この無国籍者たちは、自分自身の祖国と人類共通の祖国にこの上なく愛着をもっている。しかし彼らの生存権は、主人も領主もいないため、権利も身を守るすべもなかった中世の『流れ者』、一種の侮辱的な呼称となったこの『流れ者』の生存権と同等なのである」

ヴィクトル・セルジュ
『一革命家の回想と、そのほか政治に関する文章(1908〜47年)』 1951年

第15条

「祖国を失うことは、人間社会のずば抜けてもっとも危険な病気である。なぜなら、それは自己増殖していくからだ。完全に祖国を失った人間には、次のふたつの態度をとることしかほとんど許されない。つまり、古代ローマ時代の奴隷の大部分と同じように、死んだも同然の魂の無気力状態に陥るか、まだ祖国を失っていないか、一部しか失っていない人びとから、たいていはきわめて暴力的な手段によって祖国を失わせることを目指す活動に参加するか、のどちらかである。

ローマ人は一握りの亡命者にすぎず、彼らが人為的に寄り集まって都市がつくられた。彼らは地中海沿岸地域に住んでいた人びとから、その固有の生活、祖国、伝統、過去を奪った。それがあまりにも徹底的だったので、後世の人びとは彼ら自身の言葉を信じて、ローマ人をこの地域の文明の創始者とみなしたほどである。ヘブライ人は脱走した奴隷で、パレスチナのすべての住民を駆逐するか、隷属状態にした。ヒトラーが支配者となったとき、彼自身がつねにいっていたように、ドイツは完全にプロレタリアートの国家、つまり、祖国を失った人びとの国家だった。1918年の屈辱〔ドイツ革命〕、インフレーション、極端な工業化、そしてとくに、きわめて深刻な失業の危機が、あまりにもひどい道徳的な病気をこの国にもたらし、無責任な社会をつくってしまったからである」

シモーヌ・ヴェイユ
『根をもつこと、人間に対する義務宣言へのプレリュード』 1949年

『世界人権宣言』

第16条

1. 成人した男女には、
人種、国籍、宗教にかかわらず、
結婚して家庭をもつ権利がある。
成人した男女は、結婚するとき、
結婚の期間中、結婚の解消時に、
平等の権利をもっている。
2. 結婚は、
当事者ふたりの自由で完全な合意が
あったときにだけ成立する。
3. 家庭は、
自然で基本的な社会単位で、
社会と国家の保護を受ける権利がある。

イラスト｜モーモン *Maumont*

「男性が女性をものとして『楽しむ』ため、つまり、単純に動物的な共同体のなかで女性と一緒にその場の快楽を得るために欲情をいだき、女性もまた同じ目的で男性に身を任せるためには、両者が人格を捨てなければならない（肉体的、あるいは獣的な同居）。つまり両者の結合は、他人の所有になるという理由で人格そのものをたがいに放棄する『結婚』という条件でしか行なうことができず、たがいに相手の肉体を使用するために人間性を失うという契約を『あらかじめ』結ぶ必要がある。（略）

　同様に、男性が女性とともに、自分たちの『共同作品』（『産出物』）である子どもをつくるためには、両者が子どもに対して、また両者がたがいに、その子どもを育てる『義務』を負う契約を結ばなければならない。（略）」

イマヌエル・カント
『法論』、『人倫の形而上学』の第1部　1795年

「結婚制度によって、結婚をつかさどる規則とその規則の適用方法によって、人間社会は、最大限自由であろうとしている、あるいは、自由であると錯覚させている社会そのものは、その未来を支配し、象徴体系や、社会がみずからの完成に対していだいているイメージに応じて、社会構造を維持することで生きのびようと試みている」

ジョルジュ・デュビー
『中世の結婚　騎士・女性・司祭』1981年

第16条

「あらゆる社会のなかでもっとも古く、唯一の自然な社会は、家族という社会である。子どもは、自己保存のために父親が必要なあいだだけ、父親に結びつけられている。その必要がなくなるとすぐに、この自然な結びつきはほどける。子どもは父親に従う義務を免れ、父親も子どもの面倒を見る義務を免れて、両者はたがいに独立した状態に戻る。もし、彼らが引きつづき結びついたままでいるなら、自然にそうなっているのではなく、自発的にそうしているのである。つまり、家族でさえ約束によってでなければ持続しない。

父親と子どもに共通するこの自由は、人間本来の性質に由来する。その性質の第一の掟は、自己保存に気を配ることで、その第一の配慮は、自分自身に対する配慮である。分別のつく年齢に達したら、人間は自分だけが自己保存にふさわしい手段の判定者になり、そのことによって、自分自身の主人となる」

ジャン=ジャック・ルソー
『社会契約論、あるいは政治的権利の原理』 1762年

「結婚は、普遍的に存在する近親相姦の禁止に対する、人間社会全体に共通する答えである」

エリザベート・バダンテール
『男は女、女は男』 2002年

第17条

1. すべての人は、ひとりでも、
ほかの人と共同でも、
財産を所有する権利をもっている。
2. 誰もが、
財産を不当に奪われることはない。

イラスト | リュック・デマルシュリエ Luc Desmarchelier

「労働、または最初に占有した人の権利によって獲得された財産が、法律の必要性をはじめて意識させた。それぞれの場所で、畑に種をまいている、あるいは土地のまわりに溝を掘っているふたりの男がいた。彼らは、たがいにこういった。『私の穀物や果実に触らないでほしい。私もあなたのものには触れないから』。彼らが、最初の立法者だったのである」

ドゥニ・ディドロ
『大原則への手引き、あるいは、ある哲学者の受容』
1762年

「初期の報告書で、私は既成秩序を真正面から攻撃して、たとえば、このようにいっていた。『財産とは、窃盗である！』。このときの目的は、われわれの制度に価値がないことに抗議し、いわばそれを浮き彫りにすることだった。当時の私は、それ以外のことを考える必要がまったくなかったのである。だから、この驚くべき反響を呼んだ命題を厳密に証明した報告書で、私はあらゆる共産主義的な結論に対して抗議するつもりだった。
『経済的矛盾の体系』では、最初の定義に立ちかえり、それを確認したあと、その定義とはまったく反対の、別の秩序による考察にもとづく定義をつけ加えた。しかし、それは最初の論拠をくつがえすものでも、最初の論拠によってくつがえされるものでもありえなかった。つまり、『財産とは、自由である！』ということだ。財産とは、窃盗である。財産とは、自由である。『経済的矛盾の体系』では、このふたつの命題が証明された上で、一緒に並べられている。（略）

したがって、ここでの財産は、その『存在』理由と『非存在』理由によって、つまり、経済制度と社会制度というふたつの側面をもつ要素として、その姿を見せていたのである」

ピエール＝ジョゼフ・プルードン
『革命家の告白、二月革命史のために』 1849年

第17条

「カシの木の下で拾ったドングリや、森の木々から摘んだリンゴを食べた人が、それらを自分のものにしたことはまちがいがない。それらの食べ物がその人のものであることは、誰も否定することができない。では、たずねたい。それらの食べ物がその人のものになったのは、どの時点なのか。消化したときなのか、食べたときなのか、煮たときなのか、それとも自宅にもちかえったときなのか、あるいは採取したときなのか。最初に採取したとき、その人のものにならなければ、ほかの行為はどれひとつとして所有の決め手にならないことはあきらかである。採取という労働によって、それらのものは共有のものと区別された。すべてのものの共通の母である自然が生みだしたものに、労働によってあらたな要素を加えたため、それらは採取した人の私有財産になったのである。このようにドングリやリンゴを採取した人は、人類すべての同意を得ていないから、それらを自分のものにする権利はない、という人がいるだろうか。全員の共有物をこのように自分のものにしたことは、窃盗だったのか。もし、このような同意が必要だったら、豊かな恵みをあたえられているにもかかわらず、人類は餓死していただろう。（略）契約によって共有地となっている場所を見ればわかるように、共有物の一部を手にとって、自然のままの状態から切りはなすと、そのときに所有権が発生する。所有権が発生しなければ、共有地にはなんの意味もない。つまり、共有物を手に入れる際、共有者全員のはっきりとした同意は必要ないのである。だから、共同で使う権利のある場所で馬が食べる牧草、使用人が刈った草、自分で掘りだした石は、譲渡してもらったり承諾を得ることなく、その人のものとなる。共有状態にあるものを労働によって切りはなせば、労働した人の所有権が確定する」

ジョン・ロック
『市民政府論』　1690年

『世界人権宣言』

第18条

すべての人は、
思想、良心、宗教の自由に対する
権利をもっている。
この権利には、
宗教や信念を変更する自由と、
ひとりで、またはほかの人と共同で、
公的にでも私的にでも、
布教、行事、礼拝、儀式によって
宗教や信念を表明する自由が含まれる。

イラスト｜**アリーヌ・ビュロー** Aline Bureau

『世界人権宣言』

「共和国は、良心の自由を保障する。また公の秩序のために、（略）礼拝の自由な実践を保護する。

　共和国は、どのような宗教も公認せず、賃金も支払わず、補助金も交付しない」

政教分離法、1905年12月9日、第1条・第2条

「社会契約によって君主が国民にあたえる権利は、すでにのべたとおり、公の利益という限界を超えることはない。だから、国民は自分の意見が共同体にかかわるものでないかぎり、それを君主に告げる必要はない。ところで、市民ひとりひとりが自分の義務を愛するようになる宗教をもつことは、国家にとってきわめて重要である。しかしこの宗教の教義は、それを信じている人が他人に対して押しつけようとする道徳や義務とかかわりがないかぎり、国家にも国民にも関係がない。それ以外は、誰もが自分の好きな意見をもつことができ、そこに君主が関与することはできない。なぜなら、君主はあの世の世界ではなんの権限ももっていないからだ。この世でよい市民でありさえすれば、あの世で国民がどんな運命をたどろうとも、君主にはかかわりのないことである」

ジャン＝ジャック・ルソー
『社会契約論、あるいは政治的権利の原理』 1762年

第18条

「教義的信仰は、時代によってその数が多少とも異なる。それらはさまざまな方法で誕生し、その形や対象は変化しうる。しかし、教義的信仰、つまり人びとが信用して、議論をすることなく受けいれる意見が存在しないということはありえない。もし、ひとりひとりが自分の意見をすべて自分でつくりあげ、自分ひとりで切りひらいた道をたどって別々に真理を求めようとするなら、大勢の人が共通の信仰の下に集まることなどないだろう。ところで、容易に理解できることだが、同じ信仰をもたない社会が繁栄することはありえない。というよりはむしろ、同じ信仰をもたなければ社会は存続しない。なぜなら、共通の考えがなければ共通の行動はなく、共通の行動がなければ、人間は存在しても社会は存在しないからである。だから、社会が存在するため、さらにはその社会が繁栄するためには、すべての市民の心がつねにいくつかの主要な概念によってまとめられ、ひとつになっていなければならない。そのためには、市民の誰もがときにはその共通の源から自分の意見をとりだし、いくつかの既成の信仰を受けいれる必要がある」

アレクシス・ド・トクヴィル
『アメリカのデモクラシー』 1835〜40年

『世界人権宣言』

第19条

すべての人は、
意見と表現の自由に対する
権利をもっている。
この権利には、
妨害されることなく
自分の意見をもつ自由、
国境を越えるかどうかにかかわらず、
どのような手段によってでも、
情報や思想を求め、受けとり、
伝える自由が含まれる。

イラスト内訳：私には、自分の意見をいう権利がある。

イラスト | マルク・リザノ＆キャロル・トレボー *Marc Lizano et Carole Trébor*

『世界人権宣言』

「思想と意見を自由に伝えることは、人間のもっとも貴重な権利のひとつである。そのため、法律で定められている場合にこの自由の濫用に責任をもつかぎり、すべての市民は自由に話し、書き、印刷することができる」

1789年の人間と市民の権利の宣言、第11条

「誰もが、自分が生まれながらにもっている当然の権利、つまり、どのようなことについても自由に考えて判断する権利を他人に譲り渡すことはできない。また、誰もがそのことを強制されない。そういうわけで、国家が人びとの心を非難することは、暴力的だとみなされるのである」

バールーフ・スピノザ
『神学・政治論』 1670年

「もう一度いっておきたい。議論によってではなく、暴力や圧力によって、自分の考えに反する考えと戦っているとき、人は文字どおり不寛容になる。寛容は、無関心とはまったく異なる。寛容は、他人に反論することを避けるために、自分の考えをのべないようにすることではない。思考の表現以外のすべての手段を使わないようにする、道徳的な気配りなのである」

ジャン＝フランソワ・ルヴェル
『反検閲』 1966年

第19条

「ひとりの人をのぞいてすべての人が同じ意見で、ひとりだけ意見が異なっても、その人を黙らせる権利は誰にもない。ひとりの権力者が全員を黙らせることができないのと、同じである。もし、意見というものがその持ち主以外の人にはまったく価値のない個人的な所有物でしかなく、意見を表明することを妨げられてもそれで傷つくのが本人だけなら、わずかな人か大勢かはわからないが、被害を受ける人の数はかぎられるだろう。しかし、意見の表明を禁じるのはこの上なく有害なのである。なぜなら、それは人類全体を被害者にするからだ。いまの時代の人びとだけではなく、のちの時代の人びとにも被害がおよぶ。意見を表明した人びとよりも、その意見を中傷した人びとのほうが、より大きな被害を受けることになる。それは、もしその意見が正しい場合、人びとはまちがいを改める機会を奪われてしまうからだ。その意見がまちがっている場合でも、同じくらい大きな利益を失うことになる。というのも、まちがいと突きあわせることで、真実はよりはっきりと認識され、より鮮明な印象として残るからである」

ジョン・スチュアート・ミル
『自由論』 1859年

『世界人権宣言』

第20条

1. すべての人は、
平和的な集会や結社の自由に対する
権利をもっている。
2. 誰もが、
結社に属することを強制されない。

イラスト｜**グレゴリー・ブロ** *Grégory Blot*

『世界人権宣言』

「『結社』『進歩』『自由』『平等』『友愛』は、大規模な社会的、人道主義的な統合において、たがいに関連する言葉である。これらの言葉は、諸国民と人類の幸福をつくりあげる上で、崇高な象徴となっている。自由は、平等がなければ実現しない。平等は、結社、あるいは、際限のないひとつの目的、終わることのない進歩に向かうすべての個人の力の集結がなければ実現しない。これが、19世紀哲学の根底にある考えである」

エステバン・エチェベリア
『五月協会の社会主義的見解』 1838年

「これが、いわゆる政治的自由というものの実態だ。出版と集会の自由、住居の不可侵、そのほかすべての政治的自由は、『民衆が特権階級に対して行使しない場合にかぎって』尊重される。特権をなくすために使われるようになると、これらの自由は即座に追放される」

ピョートル・クロポトキン
『ある反逆者の言葉』、1880～82年に「ル・レヴォルテ」紙で発表された記事の選集 1895年

第20条

「構成員ひとりひとりの身体と財産を、共同の力のすべてで守り保護する結社を見つけること。またこの結社を通して、ひとりひとりが全員と結びつきながら、自分自身にしか従わず、以前と同じように自由な状態でいられること。これが根本的な問題で、社会契約はこの問題を解決することができる」

ジャン＝ジャック・ルソー
『社会契約論、あるいは政治的権利の原理』 1762年

「アソシアシオン（結社）とは、ふたり以上の人が共同で、継続的に自分たちの知識や活動を利益の分配以外の目的に使う集まりのことをいう。（略）個人のアソシアシオンは、あらかじめ許可を得たり、届け出をすることなく、自由につくることができる。（略）」

アソシアシオン契約に関する1901年7月1日の法律、第1条・第2条

『世界人権宣言』

第21条

1. すべての人は、
直接、または自由に選ばれた代表者を通じて、
自国の政治に参加する権利をもっている。
2. すべての人は、
平等の条件で、
自国の公職につく権利をもっている。
3. 国民の意思は、
公権力の権威の基礎とならなければならない。
この意思は、定期的に実施される
正しい選挙によって表明される必要がある。
この選挙は、
平等の普通選挙によるもので、
秘密投票、またはそれと同等の
自由が保障される投票手続きによって
行なわれなければならない。

イラスト | ジュリアン・ロシール *Julien Rossire*

『世界人権宣言』

「選挙権が特権的な道具であると同時に市民の主権の象徴であることを考えると、平等に選挙権を認める普通選挙が実施されるにいたる歴史は、近代市民権の意味をあきらかにしている。事実、選挙とは市民にとって、自分たちの代表者を選び、彼らの活動を承認することで政治生活の準備を整える手段である。選挙は、暴力によってではなく、共通の規則をつくり、討論し、妥協することで、社会的なグループのあいだの対立や衝突を解決することに貢献している」

ドミニク・シュナペール（クリスチャン・バシュリエとの共著）
『市民権とはなにか』 2000年

「政治的自由と市民としての自由は、すべての財産のなかでもっとも神聖で、あらゆる努力のもっともふさわしい目的で、文化全体の中心であり、今後もそうでありつづけるだろう。しかし、このきらびやかな建物は、品格のあるしっかりとした土台の上にしか建てられない。だから、憲法を市民にあたえることができるようになる前に、憲法を制定するために市民をつくることからはじめる必要がある」

フリードリヒ・フォン・シラー
『三十年戦争史』 1790年

第21条

「すべての公権力は、どれも区別なく一般意志のあらわれです。そのすべてが国民から、つまり国家から生じています。この国民と国家というふたつの言葉は、同義語でなければならないはずです。そのため、公の代表者は、どのような地位にある人でも、自分自身がもつ力を行使しているわけではありません。それは国民全員の力で、その力をただたんにゆだねられているだけなのです。この力を譲渡することはできません。なぜなら、意思は譲渡できず、国民を譲渡することもできないからです。考える権利、望む権利、自分のために行動する権利は、譲渡することができないからです。われわれは、自分たちが信頼している人びとに力の行使を任せることができるだけで、この委任は、本質的に自由な性質をもっています。ですから、公的な役割がつかひとりの人間のものになると考えるのは大きなまちがいなのです。『権利』のために公権力を行使するのは大きなまちがいで、『義務』のために行使すべきなのです。国家の役人は、より多くの義務があるという点でのみ、ほかの市民にまさっています。この事実がはっきりすれば、役人の権限を過小評価しようなどとするまちがいは犯しません。要職にある人びとに対してわれわれがいだいている敬意を生みだし、それを裏づけているのは、はたすべき大きな義務という考え、つまり、ほかの人びとにとっておおいに役だつものという発想なのです。権利のことしか頭にない人びと、つまり、自分の利益のことしか考えていない人びとを見たとき、自由な精神の持ち主は、絶対にこのような気持ちをいだくことはないでしょう」

アベ・シエイエス
『憲法の予備交渉、人間と市民の権利の宣言の合理的な承認と説明』、憲法委員会で読みあげられたもの
1789年7月20日・21日

『世界人権宣言』

第22条

すべての人は、
社会の一員として、
社会保障を受ける権利をもっている。
各国の組織と資源に応じた
国家の努力と国際協力によって、
誰でも自分の尊厳と人格の自由な発展に
欠かすことのできない、
経済的、社会的、文化的権利を
満たす資格がある。

イラスト | ヤスミーヌ・ガトー *Yasmine Gateau*

『世界人権宣言』

「社会保障は、どのような状況でも、本人と家族の生計を適切な状態に保つために必要な手段を得ることができるよう、すべての人にあたえられる保障である。社会正義の基本的な配慮にその正当性を見いだしながら、社会保障は、不安定な将来に対する気がかりから労働者を解放する。労働者がつねに置かれている不安定な状態は、彼らに劣等感をあたえているが、実際、自分自身と自分の将来が確実なものとして約束されている資産家と、たえず貧困の脅威にさらされている労働者のあいだには、社会階層間のはっきりとした区別が横たわっている」

農業以外の職業に従事する人びとに適用される社会保険制度を定めた1945年10月19日の法令45-2454

「誰もが、ひとつだけ遠く離れた自己完結的な島ではない。すべての人は大陸の一部、全体の一部である。ひとかたまりの土が海に流されれば、ヨーロッパはそのぶんだけ小さくなる。それは、ひとつの岬、あるいは、あなたの友人やあなた自身の荘園が波にさらわれたのと同じなのだ。誰かが死ねば、そのぶんだけ私は小さくなる。なぜなら、私は人類の一部だから。そういうわけで、誰のために鐘が鳴っているのか、と使いを送って聞く必要はない。鐘は、あなたのために鳴っているのである」

ジョン・ダン
『不意に発生する事態に関する瞑想』 1624年

第22条

「だから、われわれの社会でもっとも数が多く、もっとも活動的な階級をたえずおびやかしている不平等、従属、そして貧困までの必然的な原因が存在するのである。

このような不平等、従属、貧困の原因は、次のようにすればその大部分を一掃できるということを指摘したい。つまり、偶然には偶然で対処すること、老齢に達した人にその貯蓄から生まれた援助、同じ犠牲を払ったのにその利益を得る必要が生じる前にこの世を去った人びとの貯蓄の利子も加えた援助を約束すること、女性や子どもに対しても同じような制度をつくり、夫や父親を亡くしたときに、早すぎる死を悲しんでいる家族のためにも、もう少し長いあいだ家長がいた家族のためにも、同じ代価で平等に金銭が得られるようにしておくこと、そして、自分で働いて新しい家庭をつくる年齢になった子どものために、彼らの職業を拡張させるために必要な資本の利益をとっておき、この年齢に達する前に早世した子どもたちのぶんをここに加えることである。これらは、寿命の確率や金銭の投資の計算を応用して考えられた手段で、すでに用いられて成功を収めている。しかしまだ適用範囲が狭く、種類も少ないため、わずかな人間を救うだけではなく、多くの家庭の周期的な破産が原因で堕落と貧困がたえずくりかえされている社会全体を救うにはいたっていないことから、本当の意味では役に立っていない」

ニコラ・ド・コンドルセ
『人間精神の進歩に関する歴史的展望の素描』
1793～94年

『世界人権宣言』

第23条

1. すべての人は、
仕事をし、職業を自由に選び、
公平でじゅうぶんな労働条件を得て、
失業に対する保護を受ける権利をもっている。
2. すべての人は、
どのような差別も受けることなく、
同等の仕事に対して、
同等の賃金を得る権利をもっている。
3. 働く人は誰でも、
自分と家族に対して人間の尊厳を保つために
ふさわしい生活を保障する
公平でじゅうぶんな報酬を受けとり、
必要な場合には、
ほかの社会的保護手段による
補充を受ける権利をもっている。
4. すべての人は、
自分の利益を守るために、
ほかの人と一緒に労働組合をつくったり、
労働組合に加入する権利をもっている。

イラスト | ニコラ・バニステール *Nicolas Bannister*

『世界人権宣言』

「神は人間に欲求をあたえ、仕事による収入が人間に不可欠であるようにすることで、働く権利をすべての人間の財産とした。この財産は、すべての財産のなかでもっとも重要で、もっとも神聖で、もっとも奪うことができないものである」

アンヌ＝ロベール＝ジャック・テュルゴー
『同業組合廃止に関する勅令』 1776年2月

「クモは、織工の作業に似た作業をする。ミツバチは、その見事な巣穴の構造で、多くの建築家たちを驚かせる。しかし、一番劣っている建築家と一番熟練したミツバチには、最初から異なる点がある。建築家は実際に建物を建てる前に、頭のなかでそれを建設しているのだ。作業が成功したあとに得られる結果は、すでに作業者の想像のなかで、理想的な状態で存在している。彼は、ただたんに素材の形に変化を加えるだけではない。同時に、自分が意識している自分自身の目的を実現する。その目的とは、自分の行動様式を法則のように定め、自分の意志を従わせることにある。そして、この従わせるというのは、一時的なものではない。作業が行なわれているあいだずっと、動かされている体の器官が努力を求められることに加えて、意志を一貫して保つことからしか生まれない注意力の持続が要求される」

カール・マルクス
『資本論』 1867年

第23条

「労働について強調すること以上に、個人を現実に強く結びつける方法はない。労働は、少なくとも現実の一片、人間の共同体のなかに個人を確実に位置づける。労働によって、ナルシシズム的なもの、攻撃的なもの、そして官能的なものまで、さまざまなリビドー〔あらゆる人間活動の原動力となるエネルギー〕的要素の多くの部分を、職業活動やそれと結びついた人間関係に移しかえることができる。これが労働の大きな価値で、社会において各人が自分の存在を主張し、証明するために必要不可欠であるという事実と肩を並べている。職業活動は、それが自由に選ばれたとき、つまり、実際の好み、もともとある欲動、性格的に強められた欲動が昇華されて利用できる状態になったとき、とくに大きな満足をもたらす。しかし、労働は人びとから、幸福にいたる道としてあまり高く評価されていない。人びとは、自分を満たす可能性があるもののひとつとして、労働に飛びつこうとはしないのである。大部分の人が、ただ必要にせまられて労働している。彼らは当然のことながら労働を嫌っているため、そこからきわめて厄介な社会問題が生じることになる」

ジークムント・フロイト
『文化への不満』 1930年

『世界人権宣言』

第24条

すべての人は、
労働時間の適度な制限と
定期的な有給休暇を含む、
休息と余暇をとる
権利をもっている。

イラスト | ジェラルド・ゲルレ Gérald Guerlais

『世界人権宣言』

「貧しい人びとが余暇をもつことができるという考えは、豊かな人びとの感情をつねに害してきた。19世紀のイギリスにおける一般的な労働時間は、男性は15時間、子どもは12時間だったが、子どもも15時間働くことがあった。なかには、あまりにも長時間だと指摘する人びともいた。しかし、仕事をしていれば大人は酒におぼれず、子どもは悪さをする暇がないからという理由で、そのような意見は厄介なものとして排除されたのである」

バートランド・ラッセル
「怠惰への讃歌」、「レビュー・オブ・レビューズ」紙
1932年

「最低限の余暇がないと、創造的な仕事ができない。その結果、文化も文明も存在しなくなる」

ロイ・ルイス
『なぜ、私は父親を食べたのか』 1960年

「資本主義文明が支配する国家では、労働者階級が奇妙な狂気にとりつかれている。この狂気は個人的、社会的貧困をもたらし、その結果、ここ2世紀のあいだずっと、人間性をゆがめ、傷つけているのである。この狂気は、仕事に対する愛、仕事に対する命を懸けた情熱で、その程度はあまりにも行きすぎていて、自分自身と自分の子孫の生命力を枯渇させている」

ポール・ラファルグ
『怠ける権利』 1880年

第24条

「休息、くつろぎ、気晴らし、娯楽は、おそらく『欲求』ではあるが、それら自体が時間の消費という余暇固有の制約を受けているわけではない。自由時間とは、そのあいだに行なう遊びのためのすべての活動といえるかもしれないが、なによりもまずそれは、時間を無駄にする自由、偶然あいた時間を『つぶす』自由、ただたんに時間を浪費する自由のことなのである（したがって、余暇は労働する力をとりもどすために必要な時間にすぎないから失われた時間である、というだけではじゅうぶんではない。余暇の『喪失』は、もっと深い意味をもっている。それは、余暇が労働時間に直接従属していることが原因ではなく、『時間を失うことそのものが不可能である』ことと関係がある）。余暇が必死になってとりもどそうとしている時間の本当の利用価値は、浪費されることである。休暇とは、文字どおり無駄にすることのできる時間、この時間の損失を計算せず、（無駄にすると同時に）なんらかの方法で『稼がれた』ものではない時間を追求することなのだ。生産と生産力からなるシステムのなかで、われわれは時間を稼ぐことしかできなくなっている。この宿命は、労働にも余暇にものしかかっている重荷である。自分の時間を思いきり無駄にする場合でも、それを『うまく活用する』ことしかできない。休暇という自由時間は、あくまでも休暇をとる人の私有財産で、1年間苦労して働いて得たもの、ひとつの財産で、ほかのもちものと同じようにその人が所有できるものなのである。だから、（贈り物のように）あたえたり、捧げたり、完全に処分して本当の自由というべき時間の欠如を得るために、財産となったこの自由時間を手放すことなどできないだろう」

ジャン・ボードリヤール
『消費社会の神話と構造』 1970年

『世界人権宣言』

第25条

1. すべての人は、衣食住、医療、
必要な社会サービスなどを得て、
自分と家族の健康と福祉を
確保するためにじゅうぶんな生活水準を
保つ権利をもっている。
また、失業、病気、心身障害、
配偶者の死亡、老齢、
そのほか不可抗力によって
生活手段を失った場合に、
保障を受ける権利がある。
2. 母親と子どもには、
特別な保護と援助を受ける権利がある。
すべての子どもは、
嫡出子でも非嫡出子でも、
同じ社会的保護を受けることができる。

イラスト | **パスカル・ヴァルデス** Pascal Valdés

「公の援助は、神聖な負債である。社会は、不幸な市民に仕事をあたえたり、仕事ができない人びとに生活手段を確保することで、彼らの生存に対する義務を負っている」

1793年6月24日の憲法、人間と市民の権利の宣言、第21条

「はっきり指摘しておくが、社会的保護は、きわめて貧しい人びとが完全に堕落してしまうことを避けるために援助をあたえるだけのものではない。すべての人が『同じような人びとからなる社会』に属することができるよう、基本的な生存条件を整えることが、一番の目的である」

ロベール・カステル
『社会の安全と不安全　保護されるとはどういうことか』2003年

「国家の一員であるということは、その本質において、一種の道徳的な契約と切りはなすことができない。共同生活は、単純な計算を採用することで成りたっている。つまり、共同体がそのメンバーひとりひとりに負っている義務は、彼らの関与への代償なのである。祖国が市民に対して負債をかかえているのは、市民が祖国のために死ぬ準備ができているからだ。戦争とは、本来、根本的に等しい原則の基礎を確立することである。つまり、ひとりひとりの命は同じ重みがあり、ひとりひとりに同じような犠牲が要求される。福祉国家は、この理想のおだやかな通常版だが、同じ原動力にもとづいている」

ピエール・ロザンヴァロン
『連帯の新たなる哲学　福祉国家再考』　1995年

「この時代の大きなあやまちは、労働者自身に自分たちのことを任せたら、ひとりひとりが自分の手で、あるいは自発的にグループをつくって、解決策を見いだすはずだと執拗に信じられていたことだった。しかし、それがまちがいだったのはあきらかだろう。労働者たちは、その日その日を生きることで精いっぱいだったので、将来起こりうることまで考える余裕がなかった。将来のための貯蓄よりも、日々の生活に対する出費が優先された。彼らは、病気になったり失業したときに使うことのできる金銭も所有していなかった」

国際労働機関
『社会保障入門』　1984年

『世界人権宣言』

第26条

1. すべての人は、
教育を受ける権利をもっている。
少なくとも、初等の基礎教育に関しては、
無償でなければならない。
初等教育は義務である。
技術教育と職業教育は、
一般に利用できるものでなければならない。
高等教育は、能力に応じて、
すべての人に対して平等に開かれている必要がある。
2. 教育は、人格の完全な成熟と、
人権と基本的自由の尊重の強化を目的とする必要がある。
また、すべての国、人種グループ、
宗教グループ間の相互理解、
寛容、友好関係を促進し、
平和維持のために国際連合の活動を
発展させるものでなければならない。
3. 親は、子どもにあたえる教育の種類を
選ぶ優先権をもっている。

イラスト | **セバスチャン・プロン** *Sébastien Pelon*

『世界人権宣言』

「われわれは、知識そのものや知識を伝える方法を適切に選択することで、ひとりひとりが知らなければならないことをすべて、民衆全体に教えることができる。（略）つまり、自分の権利を知り、それらを守り、それらを行使すること。自分の義務を学び、それをきちんとはたすこと。（略）自分の用件を処理してもらったり、自分の権利の行使を委任しなければならない人びとに、盲目的に依存しないこと。それらの人びとを選んだり、見張ったりできる状態であること。（略）理性の力だけで、偏見から自分の身を守ること。最後に、金持ちにしてやるとか、病気を治してやるとか、助けてやるとかいって、他人の財産、健康、言論や良心の自由を奪おうとする詐欺師に幻惑されないこと」

ニコラ・ド・コンドルセ
『人間精神の進歩に関する歴史的展望の素描』
1793〜94年

「子どもを産んだだけで、きちんと育てていない女性は、不完全な母親だといわざるをえない。同様に、子どもの肉体的な成長に必要なものはすべてじゅうぶんにあたえていても、子どもの精神を磨くためのしつけをしない男性は、不完全な父親だといえる。木は、たとえ実を1個もつけなくてもたくさんつけても、どちらも木として生まれると考えてよい。馬も、たとえ役に立たなくても、馬として生まれる。しかし、はっきりいっておきたいのだが、人間は断じて人間として生まれるのではない。人間は、あれこれ努力して人間となるのである。法律も規則もなく、森のなかで雑居生活や放浪生活をしていた原始人は、人間というよりも動物に近かった。人間をつくるのは、理性である。理性には、情熱のままにすべてがなしとげられる余地はない」

エラスムス
『子どもの教育について』 1529年

第26条

「人間は、教育によってでしか、人間になることができない。人間とは、教育が人間からつくったものでしかない。ここで注意しなければならないのは、人間は人間によってでしか教育されないこと、同じように教育を受けた人間によってのみ教育されるということである。そのため、（いまのべている）訓練や知育を受けていないことで、生徒たちにとって質の悪い教育者になってしまう人もいる。もし、人間よりすぐれた存在がわれわれの教育を引きうけてくれるなら、人間がどのようになりうるかを見ることができるだろう。しかし実際の教育は、一方ではいくつかのことを人間に教え、他方ではいくつかの長所を伸ばすだけでしかないから、人間が本来もっている才能がどこまで発揮できるかを知ることはできない。せめて、この世の偉大な人びとの支援と、多くの人びとの力を集めてひとつの実験ができるなら、それだけでも、人間がどこまで進んでいけるかということについて、多くのことが解明できるだろう」

イマヌエル・カント
『教育学』 1776～87年

『世界人権宣言』

第27条

1. すべての人は、
自由に社会の文化生活に参加し、
芸術を楽しみ、
科学の進歩とその恩恵を得る
権利をもっている。
2. 誰もが、
自分のつくった科学作品、文学作品、
または芸術作品から生じる、
精神的、物質的利益を保護される
権利をもっている。

イラスト | ニコラ・デュフォー *Nicolas Duffaut*

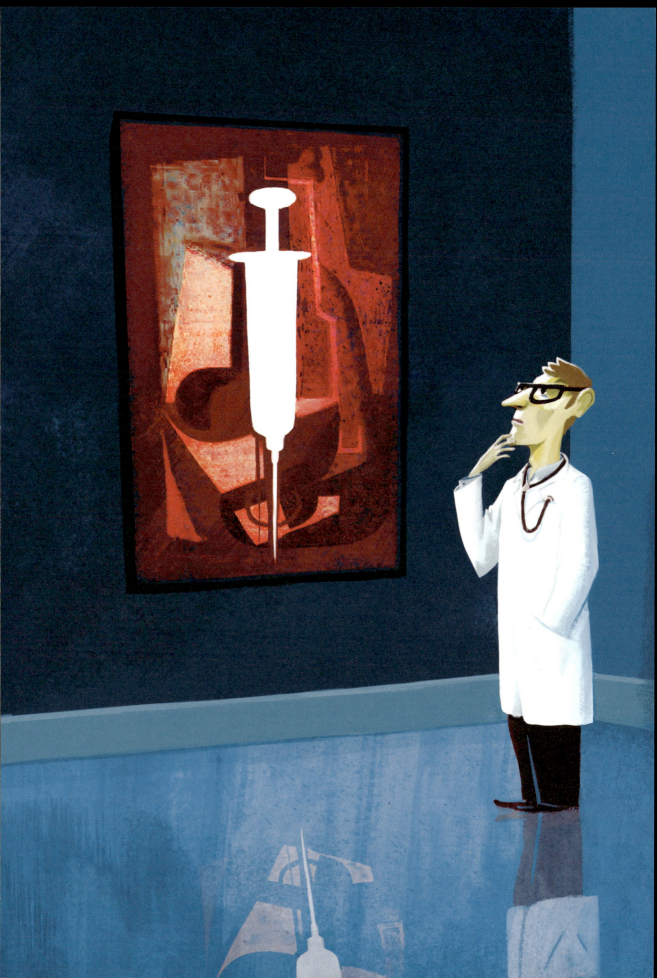

『世界人権宣言』

「文明の進歩を邪魔するものは、すべて悪である。だから、印刷は自由にできなければならない。なによりもまず、生まれながらにもっている当然の権利の行使を妨げることなく、この自由を制限することはできないのである。では、印刷するとはどういうことか。それは、自分の意見や考えを、ほかの人が見ることのできる状態にする行為である。ところで、この行為には、他人の権利に反するものが含まれているだろうか。それどころか、自分以外の人の意見や考えを検討することは、真実に導かれる道のひとつだろう。真実が現実のひとつである以上、社会は知る手段をすべての個人から奪う権利をもつことはできない」

ニコラ・ド・コンドルセ
『テュルゴー氏の生涯』 1786年

「なによりもまず、教養があるといわれている人は、そうなる時間がある人、職業生活にかなりの余裕がある人、あるいは職業生活そのものが文化と関係している人である。商業社会において、教養があるということは、すでにそうなることが許されている社会の有利な場所に属している。このような機会に恵まれていない人びとに、文化に参加することを認めるのは、社会的地位の向上を許しているといってもよい。それは彼らを自己陶酔で満足させ、彼らの生活水準を高め、他人の前で自分のイメージの価値を高める、ひとつの方法である」

アンリ・ラボリ
『逃避への讃歌』 1976年

第 27 条

「国民あるいは信者の無知と隷属が安全の根拠となっている国家や宗教の土台は、必然的に不安定である。正しい宗教と（世界中でわれわれが望んでいるような）本物の支配体制の現実は輝かしく、その安全の源は闇ではなく光のなかに存在する。われわれは、すべての人が学者になることを求めてはいない（各人の才能や環境や状況は異なるし、そもそも同じである必要はない）。そのことを、明確にすべきである。われわれが求めているのは、すべての人が、救いにいたる知恵を手に入れられることなのだ」

ヨハネス・アモス・コメニウス
『光の道』 1642〜68年

「一般的な意見によれば、芸術がつくった美は、まさしく自然の美にはるかに劣るといわれている。そして、自然の美に似せてつくられることが、芸術の最高の価値だという。本当にそうなら、もっぱら芸術的に美しい技術として理解することのできる美学は、芸術の分野の大半をその管轄から締めだしているはずである。しかし、このような見方に反して、芸術的な美は自然の美にまさると断言できることをわれわれは信じている。なぜなら、芸術的な美は精神の産物だからだ。精神は自然にまさっているのだから、その優越はその産物に、つまり芸術にも反映されている。そのため、芸術的な美は自然の美にまさる。考えに由来するものはすべて、自然のなかに存在するものよりすぐれている。人間の精神を貫く最悪の考えも、自然のもっとも偉大な産物よりもすばらしく、より気高い。なぜなら、まさしくそれは精神に関与していて、精神は自然にまさっているからである」

ゲオルク・ヴィルヘルム・フリードリヒ・ヘーゲル
『美学講義』 1835〜37年

『世界人権宣言』

第28条

すべての人は、
この宣言に掲げる権利と自由が
完全に実現される
社会秩序と国際的秩序に対する
権利をもっている。

イラスト | ベアトリス・ブーロトン *Béatrice Bourloton*

「ああ、王たちよ。いまこそ学ぶがいい。
刑罰も、褒章も、
血なまぐさい牢獄も、祭壇も、
あなたたちの防壁とはならない。
法律の確実な保護を認めて、
率先してそれに屈服せよ。
民衆の自由と平和こそが、
王座を永遠に守るのだから」

アレクサンドル・プーシキン
『自由へのオード』 1817年

「公の安全、あるいは全員に共通する利益を代表する国家が奪っているのは、国民ひとりひとりの自由の一部だけで、残りのすべてはそれぞれの人に残されている、という答えが返ってくるだろう。しかしこの残りの部分、つまりそれは安全といいかえることができるのだが、それは決して自由などではない。自由は、分割することができないからだ。自由のすべてを破壊せずに、一部だけを奪うことはできない」

ミハイル・バクーニン
『自由』 1867年

第28条

「まずは、みなさんにうかがいます。現代に生きるイギリス人、フランス人、アメリカ合衆国の住民は、自由という言葉を聞いて、なにを思いうかべるでしょうか。

　自由とは、誰もが法律にしか従わない権利、ひとり、あるいは複数の人の勝手な意向によって逮捕されたり、勾留されたり、死刑に処せられたり、どのような方法でも虐待されない権利をもっていることです。自由とは、誰もが自分の意見をいう権利、自分の職業を選んでその職業を営む権利、自分の財産を処分したり、悪用さえすることのできる権利、許可を得たり、理由や手段の説明をしなくても自由に行き来できる権利をもっていることです。自由とは、誰もが自分の興味があることについて語ったり、自分と仲間が選んだ信仰を告白したり、あるいはただたんに、よりいっそう自分の好みや気分に合った時間を過ごすために、ほかの人たちと集まる権利をもっていることです。そして最後に、自由とは、すべて、あるいは一部の役人を任命したり、当局が多少とも考慮せざるを得ない代表者や嘆願書や陳情書を通じて、誰もが行政に影響をおよぼすことができる権利をもっていることです」

バンジャマン・コンスタン
『現代人の自由と比較した古代人の自由について』、パリのアテネ・ロワイヤルで行なった演説
1819年3月6日

『世界人権宣言』

第29条

1. 各個人は、
そのなかでだけ人格の自由で
完全な発展が可能である社会に対する
義務を負っている。
2. すべての人は、
権利を行使し、自由を享受する際、
他人の権利と自由を認めて尊重し、
民主的な社会における道徳と
公の秩序と一般の福祉の
正当な要求を満たすことだけを目的に
法律が定めた制限しか受けることはない。
3. これらの権利と自由は、
どのような場合でも、
国際連合の目的と原則に反して
行使することはできない。

イラスト | ジャッジ *Jazzi*

「仁とはなにか、とたずねた仲弓に、孔子はこう答えた。『家から外に出たら、誰に対しても重要な賓客を相手にするようにふるまいなさい。人を使うときは、大きな祭祀を手伝うときのような敬虔な気持ちでいること。自分がしてほしくないことを、他人にしてはならない。そうすれば、国に仕えているときも、家にいるときも、恨まれることはないだろう』。仲弓は、いった。『私は愚かな人間ですが、先生のお言葉を実践しようと思います』」

孔子
『論語』　前400年ころ

「権利の実際の源は、義務である。われわれが自分の義務をすべてはたせば、自分の権利をたやすく尊重してもらえる。自分の義務を怠っているのに権利を主張すれば、権利は自分のものではなくなる。鬼火のように、追いかければ追いかけるほど、権利は遠ざかってしまうだろう」

マハトマ・ガンディー

第29条

「人間の権利について語るなら、人間の義務についても語らなければなりません。権利と義務には関係があり、このふたつはひとつのものとして理解する必要があります。

人間の尊厳と人間の愛についても、同様です。人類は現在、そしておそらくこのあともかなり長いあいだそうだと思われますが、その大半がまったく尊厳をもたず、尊敬よりも同情に値します。しかし、人類本来の性質がもつ高み、人類本来の価値と尊厳によってつくりだされるものと同じ高さにまで達しなければなりません。（略）それは、人類の特徴を示す人間性です。人間性はわれわれのなかに生まれつき潜在的なものとして備わっているだけなので、それを文字どおり磨いていかなければなりません。生まれながらにして、人間性ができあがっているわけではないのです。人間性は、われわれの現世における努力の目標、われわれの活動の集大成、われわれの価値となる必要があります。（略）人類における神々しい存在でさえ、われわれのなかにある人間性の修養の結果なのです。（略）この（人間性の）修養は、終わりのない継続すべき行為です。これをしなければ、立派な人びとも、取るに足りない人びとも、未開の獣性と粗野のなかに押しやられるでしょう」

ヨハン・ゴットフリート・ヘルダー
『人間性促進のための書簡』 1793～97年

「個人の自由が制限されるのは、他人の自由を妨げそうになるときだけです。法律が、その限界を見きわめて、規定します。法律が定めていない部分では、すべての人がすべての点で自由です。なぜなら、社会的な団結は、ひとり、あるいは複数の個人の自由を目的としているのではなく、すべての人の自由を目的としているからです。程度の差はあっても、ある人が別の人よりも自由な社会は、まちがいなく秩序が乱れているでしょう。もはや、自由とはいえません。そのような社会は、つくりなおす必要があるはずです」

アベ・シエイエス
『憲法の予備交渉、人間と市民の権利の宣言の合理的な承認と説明』、憲法委員会で読みあげられたもの
1789年7月20日・21日

『世界人権宣言』

第30条

この宣言のどの条項も
いずれかの国、集団、または個人に、
この宣言に掲げる権利と自由を
破壊する活動を行なったり、
そのような目的をもったことをする権利を
認めていると解釈してはならない。

イラスト | ピエール・アラリー Pierre Alary

『世界人権宣言』

「相手に恐怖をあたえても長期にわたって身を守ることはできず、好意を示せばいつまでも忠誠が約束される。そうしなければ抑えることができない従僕たちに対する主人のように、力で抑圧することで権威を示している人は、厳しい手段に出なければならないこともあるだろう。しかし、自由な国家で人から恐れられるような態度をとることは、この上なく無分別である。たしかに、金銭と引きかえに法律を打ち砕き、自由を威圧することはできる。しかし往々にして、無言の批判や公職選挙時の無記名投票によって、法律や自由はふたたびおもてにあらわれてくる。ずっと維持されていた自由よりも、一度奪われてふたたび獲得された自由のほうがより激しく権力を攻撃するものだ。だから、自分たちの生命だけではなく、財産や権力も守ることのできる、きわめて簡単に手に入る方法を選ぼうではないか。つまり、恐怖をあたえるのではなく、すべての人を愛するのである。そうすれば、公私ともに自分が望んでいるものを、たやすく得ることができるだろう。恐怖をあたえようとすると、恐怖を感じている相手を自分も恐れることになる」

キケロ
『義務について』 前44年

第30条

「憎んだり恐れるよりも、死ぬほうがよい。憎まれたり恐れられるよりも、2回死ぬほうがよい。いつの日かこれが、政治的に秩序だったすべての社会の究極的な道徳基準となるだろう」

フリードリヒ・ニーチェ
『漂泊者とその影』 1880年

「政治があまりにもまちがった道に迷いこみ、横暴で専制的になって国民の権利と自由を犠牲にするようになったとき、正義に従って政治を引きもどし、立てなおすのが、まさしく法律の使命である。よく知られている見事な例として、マグナ・カルタ〔イングランド国王の権力を制限した文書〕の制定と、フランス革命時の人間と市民の権利の宣言の公布があげられる。日本国民の規範や手本として、彼らを崩壊と堕落から守るために、その頭上にたなびいているのは、まさしく法律の力である」

岡村司
『法学通論』 19世紀〔フランス語訳を日本語に訳しなおしたもの〕

イラストレーター紹介

イラストレーター紹介

p.2
レベッカ・ドートゥルメール
Rébecca Dautremer

1971年に、ギャップで生まれる。パリの国立高等装飾美術学校で学ぶ。1996年にゴーティエ＝ラングロー社から最初の本『ヤギとオオカミ』を出したあと、立てつづけに成功を収めた。そのなかには、『恋するひと』（2004年にソルシエール賞を受賞）、『バーバ・ヤーガ』、『シラノ』、『スイング・カフェ』がある。『だれも知らなかったお姫さま図鑑』はベストセラーとなり、20ヵ国語に翻訳されて、60万部以上が売れた。また、2011年には、アレッサンドロ・バリッコの有名な小説『絹』のイラスト版をティシナ出版から出している。

雑誌や広告の分野でも活躍中。演劇にも進出し、さらにはドミニク・モンフェリー監督のアニメ映画『ケリティ、物語の家』でアートディレクターを務めた。2009年12月に公開されたこの映画は、アヌシー国際アニメーション映画祭で賞を獲得している。

2009年にはシェーヌ出版から最初のアートブックを、2015年にはティシナ出版から2冊目を出した。

http://www.rebeccadautremer.com/
https://www.facebook.com/rebeccadautremer

第1条
クリストフ・ロートレット
Christophe Lautrette

トゥールーズの応用美術学校と、パリのアニメ映画専門学校ゴブランで学ぶ。その後、ディズニー・フランスとビボ・フィルムの仕事をした。20年来、ロサンゼルスのドリームワークス・アニメーションで働いている。『プリンス・オブ・エジプト』『スピリット』『エル・ドラド　黄金の都』『シンドバッド7つの海の伝説』『シャーク・テイル』『マダガスカル』『ガーディアンズ　伝説の勇者たち』『カンフー・パンダ』など、数多くの作品に携わった。『ビー・ムービー』ではアートディレクターを、『クルードさんちのはじめての冒険』と現在制作中のその続編ではプロダクションデザイナーを務めている。

また、さまざまな芸術家による共同作品である『ムーンシャイン』は、彼が中心となってつくった本である。

lautrette.blogspot.fr

イラストレーター紹介

第2条

カルロス・フェリペ・レオン
Carlos Felipe León

1981年に、コロンビアのボゴタで生まれる。インダストリアル・エンジニアリングを学んだあと、フランスで美術の夢を追い求める決心をする。2007年にCGクリエイター養成学校シュパンフォコムを卒業後、アニメ映画の世界、とくに、ビジュアルデベロップメント、カラーデザイン、ライトアート、アートディレクションの分野で働く。
ヨーロッパのさまざまなスタジオ(フレームストア、イルミネーション・エンターテインメント、ネオミ・アニマシオン、ビボ・フィルムなど)で仕事をしたあと、現在はサンフランシスコに居住し、ドリームワークス・アニメーションのために働いている。イラストレーターとしても活動しているほか(ネクサス、オキュラス・ストーリー・スタジオなど)、個人的に油彩画の制作も進めている。

carlos-leon.com
facebook.com/carlosleon.artist

第3条

カミーユ・アンドレ
Camille André

1990年に、韓国で生まれる。文学バカロレア〔大学入学資格〕を取得後、アニメ映画の勉強をするために、ルーベの高等応用美術・テキスタイル学校とパリのアニメ映画専門学校ゴブランに通う。
アメリカのスタジオ(ソニー・ピクチャーズ・アニメーション、ブルースカイ・スタジオ)でキャリアを開始し、一時期はディズニー・フランスでも働いていた。パリに戻ってからは、キャラクターデザイナーとしてオニクス・フィルムのために仕事をするほか、バンド・デシネ〔フランス語圏の漫画〕のプロジェクトも進めている。

cephalon-art.blogspot.fr
facebook.com/camille.andre.art

イラストレーター紹介

第4条

マエル・グルムラン
Maël Gourmelen

アニメーターでデザイナーでイラストレーターでもある。トゥールのエコール・ブラッサールでグラフィックデザインとイラストレーションを学んだあと、2008年にパリのアニメ映画専門学校ゴブランを卒業。パリ（ユニバーサルとのあいだで）とロサンゼルスで仕事の契約を結び、2年間住んだロサンゼルスでは、ディズニー・スタジオとドリームワークス・アニメーションで、手描きの登場人物に命を吹きこむ作業をした。

2013年末、フリーの立場で芸術に情熱を注ぎ、仕事の幅を広げるために、妻とともにパリへ戻る。現在の顧客には、ライカ、アードマン、パラマウント・アニメーションが含まれている。同時に、イラストレーションや監督の仕事に少しずつ歩を進めているところである。

自然と動物を熱愛している。

grudoaaameriques.blogspot.fr

第5条

リュリュ・ダルディス
Lulu d'Ardis

パリの有名なリセで文学バカロレアを、高等師範学校でファッションデザインの上級技術者免状を取得。人生の展望が完全に開かれたと思ったが、世に知られる「ファッションの世界」に反感を覚え、企業での仕事にも嫌気がさすようになった。2011年に、Le Monde.fr で「社交界の出来事と悪ふざけ」と題したイラストのブログを開設。このとき、リュリュ・ダルディスというペンネームと、マスコット的な登場人物として同名の若い女性を考案した。この女性はバーの常連で、野心がまったくなく、たえず斜に構えている。

2015年1月に、シェーヌ出版社から最初の著書『リュリュ、1杯飲む』を出した。

luludardis.blog.lemonde.fr

イラストレーター紹介

第6条
アレクサンドル・ピュヴィラン
Alexandre Puvilland

1974年生まれ。パリ近郊で、父親のバンド・デシネを読んで育つ。アニメーションそのもの（見て楽しむものとしてのアニメーション）ではなく、アニメーションの世界が人を魅了する力（制作するものとしてのアニメーション）に心を惹かれ、パリのアニメ映画専門学校ゴブランで学んだあと、1年で大金持ちになれることを期待しながらサンフランシスコに居を移した。それから16年後の現在もカリフォルニアに住み、素晴らしい最愛の妻と、レオとアドリアンという名前のふたりの息子と暮らしている。ドリームワークス・アニメーションのために仕事をしており、暇を見つけてはバンド・デシネを描いているが、まだ大金持ちにはなっていない（不公平だ）。

alexpuvilland.com
sickofpenguins.blogspot.com

第7条
カロリーヌ・ピオション
Caroline Piochon

アニメーターでイラストレーターでもある。2005年にパリのアニメ映画専門学校ゴブランを卒業したあと、『ブレンダンとケルズの秘密』（カートゥーン・サルーン）、『イリュージョニスト』（ゴーモン）、『ロング・ウェイ・ノース』（2ミニュット）、『ドフス』（アンカマ）、『レッドタートル ある島の物語』（プリマ・リネア＆スタジオジブリ）など、数多くのヨーロッパの長編映画の仕事をした。同じ時期、フラマリオン社とオズー社で児童書シリーズの、ミラン社でさまざまな雑誌記事の挿絵を担当。現在は、パリでオニクス・フィルムの長編映画のデザインをしている。

sumi-pimpampoum.blogspot.fr

イラストレーター紹介

第8条
シリル・ベルタン
Cyrille Bertin

1976年に、ナント地方で生まれる。応用美術バカロレアとふたつの上級技術者免状（デザインとビジュアルコミュニケーション）を取得後、1999年に、グラフィックデザイナー兼イラストレーターとして、ウェブデザイン会社ショドロン・マジックに入社する。2003年末にフリーになったあとは、グラフィックデザイナーよりイラストレーターとして仕事をすることが多くなった。
ウェブサイトと広告を中心に、さまざまなプロジェクトで活躍中。展覧会やグループでの活動に参加することに喜びを感じている。それらの仕事と並行して、2011年には『ドーム』ではじめてバンド・デシネの彩色を手がけた。その後、バルバラ・カネパとともに『スカイ・ドール』第4巻の彩色を担当している。

cyrille.ultra-book.com

第9条
ルイ・トマ
Louis Thomas

映画監督でイラストレーターでもある。パリのアニメ映画専門学校ゴブランで学んだあと、2012年末にロサンゼルスのカリフォルニア芸術大学を卒業した。1年間の交換留学と、カリフォルニアにある複数のアニメーション・スタジオでの契約が終わると、より自由な環境を求めて、フランスで仕事をすることを決意する。
2013年以降、パリのパンテオンとリュクサンブール公園のあいだにあるアトリエに住み、猫のピポを助手として働いている。さまざまな作品をつくるために、ゴブラン出身のアニメーターたち、友人のコンポジターやサウンドデザイナーたちが協力体制にある。
最近の顧客には、ピクサー、ユニバーサル、カートゥーンネットワーク、ライカ、ソニー・ピクチャーズ、テームズ・アンド・ハドソン、ハバス、インタースポート、レコール・デ・ロワジール、バイヤール、ペンギン、ランダム・ハウスなどが含まれている。

louist.blogspot.fr

第10条
リュノ
Reuno

10年以上前から、世界的に知られるブランド（グラツィア、ダノン、コカ・コーラなど）でイラストを描いている。
作品は、アートブック、広告キャンペーン、テレビゲーム、アルバムの表紙の形で発表されてきた。また、数多くの児童書の著者でもある。

reuno.net

イラストレーター紹介

第11条
シルヴァン・フレコン
Sylvain Frécon

フランスのイラストレーターでデザイナーでバンド・デシネのカラーリスト。1972年に、ブールジュで生まれる。リヨンの応用美術学校エミール・コールで3年間学ぶ。現在は、児童書、雑誌、バンド・デシネの分野で仕事をしている。

sylvainfrecon.canalblog.com
facebook.com/sylvain.frecon.dessin

第12条
セバスチャン・ムラン
Sébastien Mourrain

1976年に、オーベルヴィリエで生まれる。リヨンの応用美術学校エミール・コールで学び、2000年に卒業。以後、イラストを描きはじめる。数多くの出版社（アクト・シュッド・ジュニオール社、フルミ・ルージュ社、スイユ・ジュネス出版社など）や雑誌のために仕事をしている。作品は、イマジエ・ヴァガボンを介した展覧会で見ることができる。リヨン在住。アトリエ「ル・ボカル」に所属。

sebastienmourrain.tumblr.com

第13条
マルク・ブタヴァン
Marc Boutavant

1970年生まれ。グラフィックデザイナーで、イラストレーターで、バンド・デシネ作家でもある。アルバン・ミシェル社、アクト・シュッド・ジュニオール社、ナタン社、スイユ・ジュネス出版社、ミラン社から、数多くの児童書を出している。最初の著書は、アクト・シュッド・ジュニオール社の「一歩ずつ」シリーズの一冊で、フランソワ・ミシェルとの共著『エコロジーを一歩ずつ』である。2002年には、ミラン社の児童書、「ムーク」シリーズで、独自の動物世界をつくりあげた。このシリーズはテレビアニメ化されている。また、バイヤール・プレス・グループの雑誌「ジェーム・リール」で、エマニュエル・ギベールとともに「アリオルと友人たち」シリーズを発表。こちらもテレビシリーズになっている。

イラストレーター紹介

第14条
クネス
Kness

夢中になれるがあまり実用的ではないことをいくつか学んだあと、ポニーを描くことを職業にすると決めた。そこでイラストレーターになったが、それだけにとどまらない。彼女は料理人でもあり、コーギーの子犬とかわいい赤ん坊も育てており、有機栽培の菜園をつくり、ちょっとした魔法を使うこともできる。このほかに、プロジェクトのチーフとして、もう少しまじめな仕事をしている（そのときは、メガネをかけて、眉間にしわを寄せなければならない）。

kness.net

第15条
リオネル・リシュラン
Lionel Richerand

1970年代初頭に、ラ・トロンシュ（イゼール県）で生まれる。幼いころからデッサンでさまざまなものを表現していた。ペナンガン高等グラフィックアート学校と、パリの国立高等装飾美術学校で学ぶ。2001年には26のエピソードからなる人形アニメ『不安なオオカミ』を制作、2003年にはアニメシリーズの『レ・グラボノート』を共同制作、クリスチャン・ヴォルクマン監督の長編映画『ルネッサンス』にも参加した。バイヤール社とミラン社ではイラストレーターとして活動しており、グラッセ・ジュネス社からはベルトラン・サンティーニの文章に挿絵を添えた『奇妙なクリスマス・イヴ』を出している。
バンド・デシネの分野では、アキレオス社から『野菜風小話』、ラ・ジョワ・ド・リール社から『新しい海賊たち』、ソレイユ出版社から『森のなか』（「メタモルフォーズ」シリーズ）などを発表。現在、ソレイユ出版社の「メタモルフォーズ」シリーズから2巻本の絵本を出すために、ベルトラン・サンティーニと共同作業を行なっている。そのほか、バンド・デシネのさまざまなプロジェクトも進行中である。

facebook.com/LionelRicherand

イラストレーター紹介

第16条

モーモン
Maumont

ユーモア・イラストレーター。
児童書のほかに、一般紙でもイラストを描いている。

maumont.tumblr.com

第17条

リュック・デマルシュリエ
Luc Desmarchelier

1965年に、リヨンで生まれる。数年間、リヨンとマルティニークの広告業界で働いたあと、1990年にアニメーションの背景デザイナーとして仕事を開始する。最初はパリ、次にロンドン、最後にロサンゼルスへ移り、その地でドリームワークス・アニメーションとソニー・ピクチャーズ・アニメーションのアートディレクターとなった。彼が手がけた作品には、『プリンス・オブ・エジプト』『エル・ドラド　黄金の都』『シュレック』『スピリット』『ティム・バートンのコープスブライド』『オープン・シーズン』『モンスター・ホテル』といった長編アニメ映画のほかに、『ハットしてキャット』『チャーリーとチョコレート工場』『トゥモローランド』のような映画もある。現在はフリーの立場で活動するほか、カリフォルニアのラグナ・カレッジ・オブ・アート・アンド・デザインの教授として、イラストレーションとビジュアルデベロップメントを教えている。仕事としての作品と個人的な作品はブログで、関心をもっている銀塩写真とピクトリアリズム写真については写真共有サイトのフリッカーで見ることができる。

ldesmarchelier.com
ushuaiasblog.blogspot.com
harmattansblog.blogspot.com
www.flickr.com/photos/harmattangallery

イラストレーター紹介

第18条
アリーヌ・ビュロー
Aline Bureau

パリの美術学校エコール・エティエンヌでグラフィックデザインを、国立高等装飾美術学校で版画を学ぶ。1996年から、雑誌記事、子ども向け絵本、小説の挿絵を描いている。注文を受けて制作する作品では、基本的にアクリル絵具やガッシュを使う。より個人的な作品では、デッサンに重きを置いている。
とくに好きなテーマは、ありとあらゆる状態の人物である。創造主になったつもりで遊ぶことが好きで、絵筆の先から「自分がつくった人間」が生まれることに大きな喜びを感じる。少し前から、どこからともなく物語がやってくるようになったため、それらを書きとめたりデッサンによって描写しようと試みているところである。近いうちに、これらの物語を本にして、人びととわかちあいたいと考えている。

alinebureau.blogspot.fr

第19条
マルク・リザノ
Marc Lizano

1970年に、ヴァンヌで生まれる。雑誌、児童書、バンド・デシネに対して、同じくらいの喜びをもって仕事をしている。『三十棺桶島』が大ヒットしたあと、『隠れていた子ども』を出版し（6ヵ国語に翻訳され、23の賞を受賞した）、2015年に『小さな家族』の完全版を出した。その後も、『マルスラン・コメット』（エロディー・シャンタとの共著）、ピエール・ジャケ・エリアスの『誇りの馬』の翻案（ベルトラン・ガリックとの共著）、E・O・プラウエンの『父と息子』をもとにした『父と息子の新しい物語』（ウルフ・Kとの共著）、『モロー寄宿学校』（ブノワ・ブロイヤールとの共著）、『アルセーヌ・ルパン』（ジョエル・ルギャールとの共著）を出版している。時々、パリ植物園内の動物園に、17時までカンガルーを描きに行くことがある。

marc-lizano.weebly.com

キャロル・トレボー
Carole Trébor

フランスの作家で児童文学作家。歴史家やドキュメンタリー映画監督としての作品もある。『ニナ・ヴォルコヴィッチ』シリーズ（全4巻、ガルフストリーム社）が大ヒットしたあと、2015年新学年の文学イベントに『U4』（ナタン＝シロス社）を手に参加した。その後、ラジェオ社から『スヴェトラナ』を出版している。

minisites-charte.fr/sites/carole-trebor
fr.wikipedia.org/wiki/Carole_Trébor

イラストレーター紹介

第20条
グレゴリー・ブロ
Grégory Blot

雑誌や児童書でイラストを描いている。

gregblot.blogspot.fr

第21条
ジュリアン・ロシール
Julien Rossire

1985年に、ローザンヌで生まれる。父親が好んで収集していたアニメーションとベルギーのバンド・デシネに、幼いころからのめりこんでいた。映像と技法に熱中するようになった彼は、かなり早い時期から勉強の方向性を定めて、最初はローザンヌでマルチメディア技術を学んだ。グラフィックデザインとビデオ技術の分野を数年間さまよったあと、アニメーションとバンド・デシネに対する幼いころの思いをとりもどすべく、必然的にパリのアニメ映画専門学校ゴブランに入学した。それなりの経験を積んだ現在、パリに居を構えて、アニメーションのビジュアルデベロップメントを手がけている。

julienrossire.tumblr.com
julienrossire.com

第22条
ヤスミーヌ・ガトー
Yasmine Gateau

ストラスブールのライン川高等美術学校で学び、舞台美術を専攻した。そのとき、劇団や舞踏団と一緒に活動している。2007年から、児童文学の挿絵を描くようになった。現在は、雑誌、書籍、報道の分野で仕事をしている。彼女のイラストは、フランスや外国の定期刊行物（「ル・モンド」紙、「XXI」誌、「バラエティ」誌）によく登場する。

yasminegateau.com

イラストレーター紹介

第23条
ニコラ・バニステール
Nicolas Bannister

1973年生まれ。ニッコとの共著に、『ほかの場所から来た子どもたち』と『ティトスとイルダ』（ともにデュピュイ社）がある。2004年から12年まで、年1回アメリカで発行されている短編集「フライト」に寄稿していた。2011年に、グレナ社の雑誌「チョー」で、シナリオと色彩担当のグリマルディと組んで『ティブとタトゥム』の連載を開始する。2013年に描きはじめた「バンカーズ」というイラストシリーズが、インターネット上で大ヒットし、イラスト集の制作意欲を刺激される。現在、グレナ社からSFシリーズ「エクソダス」を刊行中。

facebook.com/bannister01
bannister01.tumblr.com
facebook.com/TibEtTatoum
facebook.com/banncars
banncars.tumblr.com

第24条
ジェラルド・ゲルレ
Gérald Guerlais

1974年に、ナントで生まれる。国立応用美術学校を卒業。雑誌（バイヤール社、プリスマ社、ミラン社）や絵本（ペール・カストール／フラマリオン社の「わんぱく」シリーズ、フリュリュス社、ゴーティエ＝ラングロー社、ドゥ・コック・ドール社、ペンギンブックス社）で挿絵を担当。アニメーションの背景デザイナーでもあり、フランスのスタジオ（フチュリコン、ゴーモン・アニマシオン、シーラム）やアメリカのスタジオ（ソニー）のために仕事をしている。文化交流にも熱心で、国際的なチャリティー団体スケッチトラベルの創始者でもある。美術雑誌「ルイユ」で、毎月連載を担当。アメリカでは、代理店シャノンキッズを通して作品を展示している。

www.geraldguerlais.com

イラストレーター紹介

第25条

パスカル・ヴァルデス
Pascal Valdés

専門教育を受けたグラフィックデザイナーでイラストレーター。グラフィックデザイナー、アートディレクター、ストーリーボードアーティスト、あるいは監督として、テレビと映画で数々のアニメーション作品にたずさわってきた。展覧会への出品を依頼されたり、重要なテーマで作品を共同制作するとき、絵筆をもつことができる幸運と、イラストレーションを描く喜びを強く感じている。

pascalvaldes.free.fr

第26条

セバスチャン・プロン
Sébastien Pelon

パリで暮らし、仕事をしている。グラフィックデザイナーで、イラストレーターでもある。デュペレ応用美術学校のグラフィックデザイン・モード・環境芸術科を卒業。ペール・カストール・フラマリオン社のアトリエで数年間働く。現在はフリーの立場で、フラマリオン社、リュ・ド・セーヴル社、ナタン社、マニャール社、ミラン社、オズー社、ラジェオ社、ガリマール社と仕事をしている。絵本、古典作品、シリーズものなど、彼が挿絵を描いた本は多数ある。『マトリョーシカ』『ベファーナ』『ママニ』『ロビン・フッド』『シンドバッド』『インディアンのニトゥ』『湖のブリュヌ』など。

sebastienpelon.com

第27条

ニコラ・デュフォー
Nicolas Duffaut

アルデシュ県オーブナで生まれる。以後、リヨンで暮らしている。子どものころ、部屋の壁に絵を描いていたとき、自分の天職はデッサンをすることだと悟った。
リヨンの応用美術学校エミール・コールで学び、2002年に卒業したあと、イラストレーターになった。アルバン・ミシェル社、サルバカーヌ社、ナタン社、スイユ社、フラマリオン社など、さまざまな出版社でたくさんの児童書の挿絵を描いている。古典的な作品を多く手がけており、それらのなかには、スティーヴン・キングの『ドラゴンの眼』『大きなライオンと小さなウサギ』『長靴をはいた猫』(アルバン・ミシェル社)、『動物たちが寝る前に読んでいるもの』(サルバカーヌ社)などがある。

イラストレーター紹介

第28条
ベアトリス・ブーロトン
Béatrice Bourloton

パリの美術学校エコール・エティエンヌでイラストレーションを学んだあと、アニメ映画専門学校ゴブランを卒業する。その後、雇われて働く大勢の人がいわば母港のように拠点としているアニメーション業界という魔法の島で、キャラクターデザイナーとコンセプトアーティストとして働いた。片目の猫ドリアンとともにパリに住んでいる彼女は、現在、最初の児童書を制作中で、書いたり描いたりしたい無数の考えを、ゆっくりと煮つめているところである。

reinedescanards.deviantart.com

第29条
ジャッジ
Jazzi

ストラスブールの高等装飾美術学校で学び、クロード・ラポワントのアトリエでイラストレーションを専攻した。ヴィヴェンディ・ユニバーサルのゲーム式教育CD-ROMの背景画の制作に2年間たずさわったあと、子ども向けの雑誌や本のイラストレーターになる。さまざまな出版社（アシェット社、アティエ社、ナタン社、フリュリュス・プレス、バイヤール社）で、定期的に作品を発表。2009年以降、絵に対する情熱を学生たちとわかちあうべく、パリのバンド・デシネ学校CESANでイラストレーションを教えている。

jazzillus.canalblog.com
jazzi.ultra-book.com

第30条
ピエール・アラリー
Pierre Alary

1970年に、パリで生まれる。パリのアニメ映画専門学校ゴブランで学び、1993年に卒業。その後、モントルイユのディズニー・スタジオに入り、10年間、最初はアニメーター助手として、のちにアニメーターとして働いた。また、17年前からバンド・デシネを描いており、『ベラドーヌ』や『サイラス・コーリー』など、15冊ほどの作品を出している。敬意をこめて。

pierrealary.blogspot.fr

文献一覧

書籍

アーレント、ハンナ 『全体主義の起源』（1951年）、パリ、ポワン社、「エセー」叢書、2010年、全3巻
『人間の条件』（1958年）、パリ、ポケット社、「エヴォリュシオン」叢書、2002年
「自由とはなにか」、『文化の危機』（1961年）、パリ、ガリマール社、「フォリオ・エセー」叢書、1989年

アラン 「平等」（1907年10月18日）、フランシス・カプラン編『権力に関する言葉、政治倫理の基本原理』、パリ、ガリマール社、「フォリオ・エセー」叢書、1985年

アロン、レイモン 「社会学的思考と人権」、『政治研究』、パリ、ガリマール社、「人文科学」叢書、1972年

ヴェイユ、シモーヌ 『根をもつこと、人間に対する義務宣言へのプレリュード』（1949年）、パリ、ガリマール社、「フォリオ・エセー」叢書、1990年

ヴォルテール 『哲学辞典』（1764年）、パリ、ガリマール社、「フォリオ・クラシック」叢書、1994年

エウリピデス 『ヘラクレス、嘆願する女たち、イオン』（前5世紀）、『悲劇』、第3巻、パリ、レ・ベル・レットル社、ギリシア・シリーズ、2003年

エチェベリア、エステバン 『五月協会の社会主義的見解』、1838年

エラスムス 『子どもの教育について』（1529年）、パリ、クリンクシーク社、「教育哲学」叢書、2000年

エンゲルス、フリードリヒ アウグスト・ベーベルへの手紙、1875年3月18〜28日、フリードリヒ・エンゲルス＆カール・マルクス『ゴータ綱領批判・エルフルト綱領批判』所収、パリ、エディシオン・ソシアル社、1972年

岡村司 『法学通論』、19世紀

カサン、ルネ 世界人権宣言の採択前日に国際連合総会で行なった演説、1948年12月9日

カステル、ロベール 『社会の安全と不安全 保護されるとはどういうことか』、パリ、スイユ社、「思想の共和国」叢書、2003年

カミュ、アルベール 『アルジェリアの記録、1939〜58年』、パリ、ガリマール社、「フォリオ・エセー」叢書、2002年
『ペスト』（1947年）、パリ、ブラン＝ガリマール社、「クラシコ・リセ」叢書、2012年

カント、イマヌエル 『教育学』（1776〜87年）、パリ、ヴラン社、「哲学作品」叢書、1990年
『人倫の形而上学』（1795年）、パリ、フラマリオン社、「GF」叢書、1999年、第1巻『基礎・序説』、第2巻『法論・徳論』

キケロ 『義務について』（前44年）、パリ、ファイヤール＝ミル・エ・ユンヌ・ニュイ社、2011年

クロポトキン、ピョートル 『ある反逆者の言葉』（1895年）、ヴァッサード社、2013年

孔子 『論語』（前400年ころ）、パリ、フラマリオン社、「GF」叢書、1994年

コーラン、24章（アン・ヌール［御光］章）

国際労働機関（ILO）『社会保障入門』、国際労働機関事務局、1984年

コメニウス、ヨハネス・アモス 『光の道』、1642〜68年

コルニュ、ジェラール フィリップ・デュボワの論文『人間の自然性』の序文、パリ、エコノミカ社、「民法」叢書、「研究と記録」シリーズ、1986年

コンスタン、バンジャマン 『現代人の自由と比較した古代人の自由について』（1819年）、パリ、ミル・エ・ユンヌ・ニュイ社、2010年

コント＝スポンヴィル、アンドレ 「機会均等」、『共和主義案内、現在の共和主義思想』、パリ、セラン＝CNDP／ドラグラーヴ社、2004年

コンドルセ、ニコラ・ド 『ビエンヌの牧師シュヴァルツ氏による黒人奴隷制度に関する考察』（1781年）、ヌーシャテル＝パリ、フルレ社、1788年、改訂新版
『テュルゴー氏の生涯』（1786年）、アメリカ、ナブー・プレス、2010年
『人間精神の進歩に関する歴史的展望の素描』（1793〜94年）、パリ、フラマリオン社、「GF」叢書、1998年

シール＝マルタン、エヴリーヌ 「認められた法的人格」、「人間と自由」誌、No.139付録、2007年7月・8月・9月

シエイエス、アベ 『憲法の予備交渉、人間と市民の権利の宣言の合理的な承認と説明』、憲法委員会で読みあげられたもの、パリ、1789年7月20日・21日

ジャコブ、フランソワ 『可能性への賭け、生物多様性に関する試論』（1981年）、パリ、ル・リーヴル・ド・ポッシュ社、1986年

シュナペール、ドミニク 『市民権とはなにか』（クリスチャン・バシュリエとの共著）、パリ、ガリマール社、「未刊のフォリオ・アクチュエル」叢書、2000年

ジョクール、ルイ・ド 「自然的平等」と「隷属」、『百科全書、または学問・芸術・工芸の合理的辞典』、ディドロ＆ダランベール編、1751〜72年

シラー、フリードリヒ・フォン 『三十年戦争史』（1790年）、ウラン・プレス、2012年

『隋書刑法志』（629〜644年ころ）、パリ、中国高等研究所図書館、1954年、第9巻

スタンダール 『ローマ、ナポリ、フィレンツェ』（1817年、1826年第3版）、パリ、ガリマール社、「フォリオ・クラシック」叢書、1987年

スピノザ、バールーフ 『神学・政治論』（1670年）、パリ、フラマリオン社、「GF」叢書、1997年

セルジュ、ヴィクトル 『一革命家の回想と、そのほか政治に関する文章（1908〜47年）』（1951年）、パリ、ロベール・ラフォン社、「ブカン」叢書、2001年

ゾラ、エミール 「私は告発する！ 共和国大統領への手紙」、「オーロール」紙、1898年1月13日

ダン、ジョン 『不意に発生する事態に関する瞑想』、1624年

ディドロ、ドゥニ 「亡命者」、『百科全書、または学問・芸術・工芸の合理的辞典』、ディ

ドロ&ダランベール編、パリ、フラマリオン社、「GF」叢書、第1巻・第2巻、1993年『大原則への手引き、あるいは、ある哲学者の受容』、パリ、1762年

デュビー、ジョルジュ『中世の結婚 騎士・女性・司祭』(1981年)、パリ、ファイヤール社、「プリュリエル」叢書、2012年

テュルゴー、アンヌ゠ロベール゠ジャック『同業組合廃止に関する勅令』、ヴェルサイユ、1776年2月

トクヴィル、アレクシス・ド『アメリカのデモクラシー』(1835〜40年)、パリ、フラマリオン社、「GF」叢書、2010年

ニーチェ、フリードリヒ『漂泊者とその影』(1880年)、ラ・ビブリオテーク・ディジタル、2013年

バクーニン、ミハイル『自由』(1867年)、『全集』、パリ、イヴレア社、「シャン・リーブル」叢書、1974年

バダンテール、エリザベート『男は女、女は男』(2002年)、パリ、ル・リーヴル・ド・ポッシュ社、2005年

バルボーザ、ルイ『共和国憲法注釈』、1891年

ブーヴィエ、ニコラ『世界の使い方』(1963年)、パリ、ラ・デクヴェルト社、「文学と旅」叢書、2014年

プーシキン、アレクサンドル『自由へのオード』、1817年

プルードン、ピエール゠ジョゼフ『革命家の告白、二月革命史のために』(1849年)、ジュネーヴ゠パリ、スラトキン社、1982年

フロイト、ジークムント『文化への不満』(1930年)、パリ、PUF、「カドリージュ」叢書、2015年

ヘーゲル、ゲオルク・ヴィルヘルム・フリードリヒ『美学講義』(1835〜37年)、パリ、ル・リーヴル・ド・ポッシュ社、「哲学古典」叢書、1997年

ベッカリーア、チェーザレ『犯罪と刑罰』(1764年)、パリ、フラマリオン社、「GF」叢書、2006年

ヘルダー、ヨハン・ゴットフリート『人間性促進のための書簡』(1793〜97年)、『歴史と文化、もうひとつの歴史哲学』所収、パリ、フラマリオン社、「GF」叢書、2000年

ボードリヤール、ジャン『消費社会の神話と構造』(1970年)、パリ、ガリマール社、「フォリオ・エセー」叢書、1986年

マルクス、カール『資本論』(1867年)、パリ、ガリマール社、「フォリオ・エセー」叢書、2008年

マルクス、カール エンゲルス、フリードリヒ『聖家族、あるいは批判的批判の批判、ブルーノ・バウアーとその一味への反対』(1845年)、パリ、エディシオン・ソシアル社、1972年

マルブランシュ、ニコラ『道徳論』(1684年)、パリ、フラマリオン社、「GF」叢書、1999年

ミル、ジョン・スチュアート『自由論』(1859年)、パリ、ガリマール社、「フォリオ・エセー」叢書、1990年

モンテーニュ、ミシェル・ド『エセー』(1580〜88年)、パリ、ポケット社、「古典」叢書、2009年

モンテスキュー『法の精神、選集』(1748年)、パリ、フラマリオン社、「GF」叢書、2013年

ユゴー、ヴィクトル『海に働く人びと』(1866年)、パリ、フラマリオン社、「GF」叢書、2012年
『亡命とはなにか』、『亡命中の言行録』(1875年)、パリ、トレディシオン社、「トレディシオン・クラシック」叢書、2012年
『権利と法律、そのほか市民に関する文章』、パリ、10/18社、「フランス分野」叢書、2002年

ラッセル、バートランド『怠惰への讃歌』(1932年)、パリ、アリア社、「小コレクション」叢書、2002年

ラファルグ、ポール『怠ける権利』(1880年)、パリ、ミル・エ・ユンヌ・ニュイ社、1994年

ラボリ、アンリ『逃避への讃歌』(1976年)、パリ、ガリマール社、「フォリオ・エセー」叢書、1985年

ルイス、ロイ『なぜ、私は父親を食べたのか』(1960年)、パリ、ポケット社、2012年

ルヴェル、ジャン゠フランソワ『反検閲』、パリ、ジャン゠ジャック・ポヴェール社、1966年

ルソー、ジャン゠ジャック『社会契約論、あるいは政治的権利の原理』(1762年)、パリ、フラマリオン社、「GF」叢書、2011年

ロザンヴァロン、ピエール『連帯の新たなる哲学 福祉国家再考』(1995年)、パリ、ポワン社、「エセー」叢書、2015年

ロック、ジョン『市民政府論』(1690年)、パリ、フラマリオン社、「GF」叢書、1999年

法律文書

1789年の人間と市民の権利の宣言

1793年6月24日の憲法、人間と市民の権利の宣言

アソシアシオン契約に関する1901年7月1日の法律

拷問およびその他の残虐な、非人道的または品位を傷つけるあつかいや刑罰に関する条約、その調印、批准、加入を、国際連合総会が1984年12月10日の決議39/46で採択したもの

人権と基本的自由の保護のための条約、ローマ、1950年11月4日

政教分離法、1905年12月9日

農業以外の職業に従事する人びとに適用される社会保険制度を定めた1945年10月19日の法令45-2454

謝辞

シェーヌ出版社は、本書に協力してくれたすべてのイラストレーターに、心からの感謝を捧げる。彼らの寛大さ、才能、情熱によって、このすばらしい作品が誕生した。

【訳者紹介】

遠藤ゆかり（えんどう　ゆかり）

上智大学文学部フランス文学科卒。訳書に「知の再発見双書」シリーズ、『シュルレアリスム辞典』『世界図書館遺産』『ビジュアル版 女性の権利宣言』『ビジュアル版　子どもの権利宣言』（いずれも創元社）、『フランスの歴史［近現代史］』（明石書店）などがある。

La déclaration universelle des droits de l'homme illustrée
Editor-in-Chief Nathalie Lefebvre
©2015, Hachette Livre – Editions du Chêne. All rights reserved.
Japanese translation rights arranged with Hachette Livre, Paris through Tuttle-Mori Agency, Inc., Tokyo

---

ビジュアル版　世界人権宣言

2018年12月10日第1版第1刷　発行

編　者	シェーヌ出版社
訳　者	遠藤ゆかり
発行者	矢部敬一
発行所	株式会社 創元社
	http://www.sogensha.co.jp/
	本社　〒541-0047 大阪市中央区淡路町4-3-6
	Tel.06-6231-9010　Fax.06-6233-3111
	東京支店　〒101-0051　東京都千代田区神田神保町1-2 田辺ビル
	Tel.03-6811-0662
装丁・組版	寺村隆史
印刷所	図書印刷株式会社

© 2018, Printed in Japan　ISBN978-4-422-32028-1 C0036

〔検印廃止〕
落丁・乱丁のときはお取り替えいたします。定価はカバーに表示してあります。

JCOPY　〈出版者著作権管理機構 委託出版物〉
本書の無断複製は著作権法上での例外を除き禁じられています。複製される場合は、そのつど事前に、出版者著作権管理機構（電話 03-5244-5088、FAX03-5244-5089、e-mail: info@jcopy.or.jp）の許諾を得てください。